GISELA SCHINZEL-PENTH

Sagen und Legenden um das Berchtesgadner Land

Sagen und Legenden um das Berchtesgadner Land

gesammelt und neu erzählt von Gisela Schinzel-Penth
25 Federzeichnungen von Heinz Schinzel

4. Auflage

AMBRO LACUS · BUCH- UND BILDVERLAG · FRIEDING

CIP-Kurztitelaufnahme der Deutschen Bibliothek

Schinzel-Penth, Gisela:

Sagen und Legenden um das Berchtesgadener Land /
ges. u. neu erzählt von Gisela Schinzel-Penth.
25 Federzeichnungen von Heinz Schinzel. –
Andechs: Ambro Lacus, Buch- u. Bildverl., 1982.
ISBN 3-921445-27-2

4. Auflage

Gesamtherstellung: EOS Druckerei, 86941 St. Ottilien.

Inhaltsverzeichnis

Das Berchtesgadner Land und seine Naturschönheiten

In Berchtesgaden erzählt man sich folgende reizende Legende über die Entstehung des an Schönheiten so reich bedachten Fleckchens Erde:

Als Gott die Welt erschuf, rief er alle Engel zusammen und beauftragte sie, Gebirge und Meere, Flüsse und Seen, Bäume und Blumen und was es sonst noch Schönes gibt, gleichmäßig und gerecht auf der Erdkugel zu verteilen. Jeder Engel nahm ehrfürchtig entgegen, was der HERR ihm anvertraute und machte sich dann eilends auf, seinen Auftrag zu erfüllen. Nur zwei der Himmelsboten waren so entzückt von der Schönheit der Naturwunder, die ihnen zur Verteilung übergeben worden waren, daß sie sich nicht daran sattsehen konnten. Sie zeigten sie sich gegenseitig, verglichen sie miteinander und bestaunten sie ausgiebig.

Der HERR ließ sie lächelnd eine Weile gewähren, mahnte sie aber dann, sich doch endlich auf den Weg zu machen. Die beiden Engel waren so sehr in ihr Tun vertieft gewesen, daß sie ordentlich erschraken, als sie die Stimme Gottes vernahmen. Sie ließen ihre Gewänder, in die sie die Naturschönheiten gerafft hatten, aus den Händen gleiten. Da fielen diese heraus, hinunter auf die Erde und blieben allesamt auf einem einzigen Ort liegen.

So kommt es, daß das Berchtesgadner Land so überreich mit Naturschönheiten aller Art versehen ist.

König Watzmann und die Erdmännchen

Es ist schon so lange her, daß niemand mehr sagen kann, wann es genau gewesen ist, da herrschte über Bayern und Salzburg ein mächtiger König namens Watzmann. Er häufte in seiner Burg unermeßlich reiche Schätze und Kostbarkeiten an und lebte in Saus und Braus. Sein Volk jedoch unterdrückte er unbarmherzig und preßte an Steuern und Abgaben alles heraus, was er nur konnte, so daß es in Elend und Armut gestürzt wurde und große Not leiden mußte. Aber damit noch nicht genug! Es machte dem harten und grausamen Mann eine teuflische Freude, die Menschen, die von ihm abhängig waren, zu quälen. Darum befahl er eines Tages, daß sich anstatt der Ochsen seine Bauern selbst vor die Pflüge spannen und die Felder bestellen müßten. Wer sich weigerte, sich derart erniedrigen zu lassen, und gegen ihn aufmuckte, den ließ er von seinen scharfen Hunden zerfleischen.

Jeden Morgen, sobald die Bauern an den Pflügen angekettet waren, kam Watzmann mit seiner wilden Hundemeute von der Burg herab, um sich an dem unmenschlichen Schauspiel zu ergötzen. Besonderen Spaß machte es ihm, wenn einer der Bauern — sei es, weil er von Hunger geschwächt war, sei es, weil er an einer Krankheit litt — das schwere Ackergerät nicht schnell genug ziehen konnte.

»Hussa, meine Lieblinge, faßt ihn!«

Mit diesen Worten hetzte er seine Bluthunde auf den Unglücklichen, daß dieser, wenn er auch vor Erschöpfung fast zusammenbrach, in tödlicher Angst vor den Bestien wieder zu laufen begann. Dann schlug sich Watzmann auf die Schenkel und rief unter dröhnendem Gelächter:

»Siehst du, elender Faulpelz, du kannst schon, wenn du nur willst!«

So trieb er sein grausames Spiel mit den Bauern. Mühsam unterdrückten die Gepeinigten ihren Haß, aber sie sahen keine Möglichkeit, sich gegen den mächtigen König zu wehren.

Eines Tages, als die Bauern bei glühender Hitze wieder ihren Frondienst ableisteten, blieb einer von ihnen, er wurde Hois genannt, völlig erschöpft stehen und murmelte:

»Ich kann nicht mehr, seit Tagen habe ich nichts zu essen gehabt, ich kann einfach nicht mehr!«

Erschrocken blickte ihn sein Leidensgefährte neben ihm an und flüsterte hastig:

»Hois, gib nicht auf, ich helfe dir! Geh weiter! Watzmann schaut schon her! Geh, sonst hetzt er seine Bestien auf dich!«

Er versuchte mit einer Hand seinen Pflug und mit der anderen den von Hois zu ziehen. Da riß sich dieser noch einmal zusammen und schleppte sich mühsam weiter. Er stieß mit seinem Fuß einen schweren Erdklumpen beiseite, um nicht zu stolpern. Im gleichen Augenblick kam ein winziges Männlein darunter hervor — nicht größer als ein Daumen — und sprang dem Bauern auf die Hand. Der wollte schon erschrocken aufschreien, aber der kleine Wicht blickte ihn beschwörend an und legte zum Zeichen, daß er still sein sollte, den Finger auf den Mund. Dann hüpfte er in Hoisens Hosentasche und versteckte sich dort.

Der verblüffte Bauer ließ sich nichts anmerken und arbeitete weiter, als wäre nichts geschehen. Als er am Abend nach Hause kam, holte er das seltsame Männlein aus seiner Tasche und stellte es vorsichtig auf den Tisch.

»Wer bist du«, fragte er, als er es eingehend betrachtet hatte, »noch nie habe ich so einen kleinen Menschen wie dich gesehen?«

»Ich bin Heinzel, der König der Erdmännchen. Ich bin gekommen, euch Bauern von der Tyrannei Watzmanns zu befreien, denn ich kann euer Elend nicht mehr länger mitansehen.«

»Ach«, seufzte Hois, »wie willst du das anfangen? Er ist so mächtig, und du bist so klein!«

»Laß mich nur machen«, meinte das Erdmännchen, »rufe alle deine Kameraden zusammen. Dann will ich euch erklären, wie ihr euer Joch abschütteln könnt!«

Es sprach so bestimmt, daß neue Hoffnung im Herzen des Mannes aufbrach. Rasch lief er in die einzelnen Hütten und holte die anderen Bauern herbei. Sie versammelten sich alle in der Stube und bestaunten den König der Erdmännchen. Dieser aber fing mit seiner hohen feinen Stimme an zu reden:

»Ich bin gekommen, euch zu helfen. Vertraut mir und befolgt meinen Rat, dann seid ihr bald wieder freie Menschen!« sagte er. Die Bauern wußten sich bei diesen Worten kaum zu fassen vor Freude, und Hois fragte:

»Was sollen wir tun?«

»Sammelt morgen, bevor ihr mit der Arbeit beginnt, eure Taschen voll mit Kieselsteinen. Wenn ihr angeschirrt seid, und Watzmann seine Hunde auf euch hetzen will, so fürchtet euch nicht, sondern werft die Steine auf eure Peiniger!«

»Die Kiesel werden sie nicht davon abhalten, uns zu quälen«, meinte einer der Bauern und lachte bitter. »Wenn wir tun, was du vorschlägst, so reizen wir Watzmann nur und er läßt uns mit noch größerem Grimm verfolgen!«

»Ihr müßt mir glauben und tun, was ich euch sagte«, beschwor Heinzel die Leute. »Habt keine Angst, ich werde euch mit meinem ganzen Volk zu Hilfe eilen!«

»Gut denn«, versprach Hois, »wir wollen deinen Rat befolgen!«

»Ja«, stimmte ein anderer zu, »denn wenn er nichts nützt, so schlägt uns Watzmann in seiner Wut tot, und unser Elend hat ein Ende. Lieber will ich sterben, als noch länger unter der Herrschaft des Tyrannen leben!«

»Es ist zu eurem Nutzen, wenn ihr meine Worte befolgt, denkt daran!« mahnte noch einmal der König der Erdmännchen. Dann wurde er plötzlich immer kleiner und kleiner, bis er ganz verwunden war.

Die Männer gingen auseinander. Mutlosigkeit und Hoffnung fochten in ihren Herzen einen Kampf. Aber am nächsten Morgen sammelten sie sich alle die Taschen voller Kiesel, wie es ihnen der Zwerg geboten hatte.

Wie üblich wurden sie auch an diesem Tag an ihre Pflüge gekettet. Nicht lange danach erschien Watzmann mit seinen Bluthunden. Doch gerade, als er die wilde Meute loslassen

und auf die Bauern hetzen wollte, wandten sich diese um und schleuderten mit aller Kraft ihre Kieselsteine auf ihn. Der König lachte nur höhnisch, aber das Lachen verging ihm schnell, als er zu seinem Entsetzen bemerkte, daß die kleinen Steinchen während des Fluges immer größer und größer wurden. Tausende von ständig wachsenden Felsbrocken sausten auf ihn zu. Auf jedem einzelnen saß ein Erdmännchen und lenkte ihn geradewegs auf den Bösewicht zu.

Auch die Steine am Boden schien plötzlich lebendig zu werden. Alle waren sie von kleinen Geistern bevölkert und rollten und sprangen auf ihn zu. König Watzmann wurde schreckensbleich und wandte sich schreiend zur Flucht. Aber es war zu spät. Gleich riesigen Hagelkörnern prasselten von allen Seiten die Felsstücke auf ihn und seine Hunde nieder, schmetterten ihn zur Erde und überdeckten ihn. Immer höher türmte sich das steinerne Grab über dem grausamen Herrscher und seiner Meute, bis es endlich als gewaltiger Berg mit sieben Gipfeln in den Himmel ragte.

Stumm vor Entsetzen hatten die Bauern das schreckliche Strafgericht verfolgt, das ihren Peiniger vernichtet hatte. Als alles vorüber war, befreiten sie sich von ihren Ketten und gingen schweigend nach Hause. Später zogen sie mit ihren Familien aus der Gegend fort, in der sie so viel gelitten hatten und siedelten sich in Tirol an.

Die Erdmännchen waren seit jenem furchtbaren Geschehen verschwunden; niemand hat jemals mehr eines von ihnen gesehen. Der mächtige Berg, der über dem König und seinen Hunden steht, wird bis auf den heutigen Tag »Watzmann« genannt. Manchmal pfeift der Sturmwind schaurig durch seine Felsspalten.

»Die Hunde von König Watzmann heulen und jaulen wieder«, sagen dann die Leute und wagen sich nicht aus ihren Häusern.

König Watzmann und seine sieben Kinder

Eine andere, weitaus bekanntere Sage über die Entstehung des mächtigsten Berges im Berchtesgadner Land wurde uns von Franz Englert vor mehr als hundert Jahren so erzählt:

Es herrschte einmal vor alter Zeit im Berchtesgadner Lande ein König namens Watzmann. Derselbe liebte weder Menschen noch Tiere und süße Lust war es seinem grausamen Herzen die Menschen zu quälen und die Tiere zu martern. Darum war auch die wilde Jagd seine höchste Freude, wo ihn Rüdengeheul und Hörnerschall umgab, daß die Wälder davon widertönten. Doch nicht allein er, auch Weib und Kind fanden hohe Lust an der wilden Hetzjagd, wenn die dampfenden Rosse unter ihnen zusammenstürzten und das totgehetzte Wild von den Hunden zerfleischt wurde. So ging es Tag und Nacht, sonder Ruh und Rast, über Stock und Stein, bergauf und -ab, der Saat des Landmannes spottend. Lange Zeit trieb er es so; aber Gottes strenges Strafgericht ereilte den Gottlosen.

»Halloh, hinaus zur wilden Jagd!« tönte es einst wieder durch den Schloßhof; die Hörner schallten, die Rüden heulten und bald ging es mit Weib und Kindern wieder dahin in wildem Zug. Im Dämmerlicht sieht der König ein Mütterlein, die Enkelin auf dem Schoß und lenkt sein Pferd vor die Hütte hin, daß Reiter und Roß sie zerstampft. Und wie der Bauersmann und sein Weib trostlos aus der Hütte treten um die sterbende Mutter im Hause zu betten, da hetzt der König die schnaubenden Rüden auf sie, daß auch sie unter den Zähnen der Bestien verscheiden. Lachenden Blicks sieht der König zu und mit ihm die Gattin und Kinder, wie sterbend im Blute Menschen sich winden.

Da erhebt das Mütterlein mit gebrochenem Blick empor die zerfleischte Rechte und flucht fürchterlich im Sterben dem

König und der Königin mit ihren sieben Kindern, daß sie die Strafe der Gottheit erreiche und in Felsen verwandle. Und die Erde erbebt, der Sturmwind braust als ob das Weltende gekommen; Feuer sprüht aus dem Schoße der Erde und wandelt Vater, Gattin und Kinder zu riesigen Felsen um.

So steht Watzmann mit Gattin und sieben Kindern in riesige Felsen verwandelt und blickt als ewiges Wahrzeichen herab ins Berchtesgadner Land.

Soweit die Erzählung von Franz Englert; wie es in anderen Berichten heißt, soll das Blut der verfluchten Königsfamilie in zwei Seen am Fuße des Watzmannmassives zusammengeflossen sein.

Die Gespensterhunde am großen Hundstod

Der schroffe, kahle Gipfel des großen Hundstod mit 2594 Metern Höhe ragt wild drohend zwischen der Einsamkeit des steinernen Meeres und dem majestätischen Watzmannmassiv empor. Der Sage nach liegt die wilde Hundemeute König Watzmanns dort unter den Geröllmassen versteinert. In stürmischen Nächten ist dieses Gebiet besonders unheimlich und gefährlich. Dann heulen und bellen die verzauberten Hunde so schauerlich, daß demjenigen, der sie hört, vor Entsetzen das Blut in den Adern gefriert, und er so schnell wie möglich das Weite sucht. Viele sind, wie es heißt, auf ihrer kopflosen Flucht vor diesen Gespensterhunden in die Tiefe gestürzt und zu Tode gekommen.

Anderen Quellen zufolge leitet sich der Name »Hundstod« von der Sage her, daß es in diesem Teil des Gebirges nicht möglich sein soll, einen Hund zum Jagen zu verwenden, weil dieser — aus welchen Gründen auch immer — in kurzer Zeit unweigerlich sterben müsse.

Die Trischübl-Alm

Durch den gewaltigen Bergrutsch, bei dem der grausame König Watzmann und seine Familie zu Stein geworden waren, wurden auch viele grüne Almen und die Hütten darauf überrollt und verschüttet. Ganz weit hinten im Wimbachtal fand man später die alte, ausgetretene Türschwelle eines Hauses. Dies wurde als Zeichen einer früheren Besiedelung gewertet, und die dort gelegene Alm wurde danach »Trischübl« genannt. Sie heißt bis auf den heutigen Tag so. (Driséûel = Türschwelle)

Die Sintflut in Bayern

Vor Urzeiten, so überliefert uns die Sage aus dem dunklen Erinnern des Menschengeschlechtes, regnete es einmal viele, viele Tage lang. Da schwollen alle Flüsse, Bäche und Seen an und traten über ihre Ufer. Auch aus der Erde quoll überall das Wasser heraus. Bald war das ganze Bayernland überschwemmt, doch noch immer stieg die Flut, bis sie gewaltig gegen die Alpen brandete. Alles, was lebte, Menschen, Tiere und Pflanzen, mußte elendiglich zugrunde gehen. Als nach langen Regentagen endlich wieder die Sonne schien, ragten nur noch die höchsten Berge Bayerns, die Zugspitze und der Watzmann mit ihren Gipfeln aus dem Meer ringsum heraus. Alles Leben schien vernichtet. Doch es war nicht so.

Zwei Menschen, einem Mann und einer Frau, war es gelungen, mit wenigen Habseligkeiten und einigen Haustieren den alles verschlingenden Fluten zu entkommen. Sie hatten sich auf die Spitze des Watzmanns geflüchtet und dort das Ende der Sintflut abgewartet. Als sich die Wasser verlaufen hatten, stiegen sie herab und gründeten ein neues Menschengeschlecht.

Der Watzmanngeist

Am Watzmann trieb früher ein schreckliches Gespenst sein Unwesen. Einem jungen Burschen, der auf der Schapbachalm das Vieh hütete, soll es einmal sehr übel mitgespielt haben. Dem war oft langweilig und da dachte er sich allerlei Schabernack aus, mit dem er die Sennerinnen necken oder ärgern konnte. Eines Tages hatte er einen besonders üblen Streich ausgeheckt. Es gelang ihm durch eine List, den Sennerinnen Arme und Beine zusammenzubinden und die derart Verschnürten den Hügel vor der Hütte hinabzurollen. Er konnte sich darüber schier ausschütten vor Lachen. Die Sennerinnen aber hielten damit das Maß des Erträglichen für übervoll und weigerten sich, künftig mit dem Burschen unter einem Dach zu bleiben. Sie zogen in die Kührointalm hinüber, die nicht weit entfernt lag.

So geschah es, daß der Hirte alleine in der Schapbachalm bleiben mußte. Doch das machte ihm weiter nichts aus. Vergnügt legte er sich am Abend zur Ruhe. Um Mitternacht, als er gerade mitten im besten Schlaf war, erhob sich mit einem Mal ein so heftiges Brausen, daß er erwachte und erschrocken nach der Ursache des Lärmes Ausschau hielt. Da wurde ihm von unsichtbarer Hand die Zudecke weggerissen. Gleichzeitig begann sein Bett, in einem wilden Tanz herumzuwirbeln, so, als hätte es plötzlich Leben in sich. Entsetzt sprang der Bursche auf und wollte aus der unheimlichen Hütte fliehen. Aber als er die Türe öffnete um hinauszulaufen, blieb ihm vor Schrecken fast das Herz stehen.

Ein riesiges Gespenst versperrte ihm den Weg und starrte ihn mit Augen wie glühenden Kohlen aus einem zu einer furchterregenden Grimasse verzerrten Gesicht an. Er war vor Grauen wie gelähmt und mußte hilflos zusehen, wie das unheimliche Wesen ständig sein Aussehen veränderte und sich in anderen, noch abscheulicheren Gestalten zeigte. Zuletzt verwandelte es sich in ein klappriges Gerippe und zerfiel dann vor seinen Augen zu Staub. Da endlich fand der Hirte die Kraft zur Flucht. Mit zitternden Knien stolperte er den Abhang hinunter und wagte nicht, sich umzublicken. Aber als er glaubte, dem Gespenst entkommen zu sein, stand es höhnisch grinsend wieder vor ihm.

»Oh Gott, hilf mir«, stammelte er, »hilf mir in meiner Not!«

Das Gebet verlieh ihm die Kraft, weiterzulaufen, obwohl er die Gegenwart des Unheimlichen ständig hinter sich fühlte. Noch nie in seinem Leben hatte er ein derartiges Grauen verspürt. Mit pfeifendem Atem hetzte er hinunter nach Berchtesgaden, ohne sich die kleinste Rast zu gönnen. Er flüchtete sich dort ins Franziskanerkloster und erzählte mit bleichen Lippen, was ihm zugestoßen war.

»Helft mir«, bat er die frommen Männer, »helft mir, das Gespenst zu verjagen, sonst wage ich mich nicht mehr zurück auf die Alm.«

Da gab ihm einer der Mönche eine Rute und sagte:

»Wenn du sie in der Hand hältst, kann dir das Gespenst nichts anhaben. Treibe es damit den Berg hinauf, bis dorthin, wo nur noch Steine, Felsen und Schnee sind und nichts Grünes mehr wächst. Dann kann es nicht mehr zurückkehren. Du darfst dich aber auf keinen Fall umschauen.«

Dann ermahnte er ihn noch, sich bei den Sennerinnen für die ihnen angetane Schmach zu entschuldigen und schickte ihn auf den Weg.

Der Bursche befolgte den Rat getreulich, obwohl er sich sehr fürchtete, nochmals dem Gespenst gegenüberzutreten. Es gelang ihm, den unheimlichen Geist hoch hinauf in die Eisregionen des Watzmann zu bannen.

Das schreckliche Erlebnis aber konnte er nie mehr vergessen. Von Stund an, so heißt es, hat ihn niemand mehr lachen gesehen. Still und in sich gekehrt verbrachte er seine Tage und blieb seiner Lebtag lang ein sonderbarer Eigenbrötler.

Das Zirbenwunder am Watzmann

Vor langer Zeit verirrte sich einmal ein Jäger, der von Wimbach aus auf den Watzmann wollte, in den gewaltigen Felsmassen des Gebirges. Obwohl er nicht mehr wußte, wo er sich befand, hatte er doch keine Angst, denn er war bergerfahren und glaubte, schon wieder zurückfinden zu können. Vorsichtig stieg er ab — wie er meinte den gleichen Weg, den er gekommen war. Plötzlich gelangte er an eine Stelle, wo der Fels lotrecht in die Tiefe abfiel, und jedes Weiterklettern unmöglich war.

Der Jäger suchte nach einem Baum oder einem Strauch, an dem er sich hinablassen könnte, aber er fand nichts dergleichen. Nur kahler Stein, tiefer Schnee und ewiges Eis umgaben ihn. Zu seinem nicht geringen Schrecken bemerkte er, daß inzwischen vom Tal Nebel aufgestiegen waren und langsam alles mit ihren feuchten Schleiern einhüllten. Der Jäger konnte bald keine fünf Schritte weit mehr sehen und durfte es nun nicht mehr wagen, in dem gefährlichen Gelände weiterzugehen.

Er hüllte sich fest in seinen Mantel, lehnte sich an einen Felsen und hoffte, daß sich der Nebel wieder auflösen würde.

Stunde um Stunde wartete er vergeblich. Die Finsternis brach herein, und er stand noch immer an dem Felsen.

»Nun muß ich die ganze Nacht hierbleiben«, dachte er, und sein Mut drohte ihm zu sinken. »Ich darf auf keinen Fall einschlafen, sonst stürze ich ab und erfriere!«

Mühsam hielt er sich wach. Er stampfte unentwegt mit den Füßen, als er merkte, wie die Kälte an ihm hochkroch, und schlug die Arme wie Windmühlenflügel immer wieder auseinander und zusammen, um sich ein wenig zu wärmen — die ganze lange Nacht hindurch.

»Morgen ist alles überstanden«, redete er sich selbst gut zu, wenn ihn die Verzweiflung über seine schlimme Lage zu überwältigen drohte. Doch als der nächste Tag heraufgezogen war, umgab den Jäger nur eine milchige Helligkeit. Der Nebel hatte sich nicht gelichtet und machte ihm jeglichen Abstieg unmöglich. Nun griff die Angst wie eine kalte Hand nach seinem Herzen:

»Noch eine Nacht hier oben überlebe ich nicht, dann bin ich verloren«, kam ihm mit erschreckender Deutlichkeit zum Bewußtsein. Doch was konnte er tun, um dem Tod, der schon nach ihm griff, noch einmal zu entfliehen? Er dachte an seine alte Mutter, die sicherlich bereits in größter Sorge um ihn war. In Gedanken sah er sie vor dem Herrgottswinkel seines kleinen Hauses knien und für ihn beten. Da ließ er sich vorsichtig auf die Knie nieder und flehte voller Verzweiflung:

»Herr im Himmel, hilf mir! Rette mich aus dieser Todesgefahr, um meiner armen alten Mutter willen, die niemanden mehr hat als mich!«

Lange verharrte er in der unbequemen Stellung und betete so inbrünstig, wie noch nie in seinem Leben.

Plötzlich spürte er in dem toten Gestein unter sich eine Bewegung. Entsetzt starrte er auf die Stelle, weil er einen Erdrutsch fürchtete und glaubte, mit dem Boden, auf dem er stand, in die Tiefe zu stürzen. Da sah er zu seiner höchsten Verwunderung, wie sich ein paar Meter unter ihm eine kleine Zirbe aus einem Spalt im Felsen herausschob. Sie wuchs mit aller Macht, wurde größer und größer und war in kürzester Zeit ein starker Baum geworden, den der Jäger mit seinen Händen greifen und an dem er sich festhalten konnte. Mit neuer Zuversicht im Herzen kletterte er vorsichtig daran ein Stück tiefer. Dort bemerkte er zu seiner Freude, daß sich unterhalb der ersten Zirbe eine zweite befand und unter dieser wieder eine. Jede Zirbe reichte bis zu den Wurzeln der vorherigen, so daß sie zusammen eine natürliche Leiter bildeten, an welcher der Verirrte ungefährdet hinabsteigen konnte.

Als der Jäger endlich unten angelangt war — zwar zerschunden von den rauhen Ästen, aber lebendig — fiel er auf die Knie nieder und dankte Gott. Dann ging er so schnell er konnte nach Hause zu seiner Mutter, die schon voller Angst auf ihn wartete.

Der Nebel lichtete sich erst einige Tage später. Da kehrte der Jäger noch einmal zu dem Ort seiner wunderbaren Errettung zurück, um ihn genauer zu betrachten. Zu seinem höchsten Erstaunen aber fand er keinen einzigen der Bäume mehr vor, an denen er herabgestiegen war. Unbeweglich, kahl und steil wie eh und je ragte die Felswand in die Höhe. Von den Zirben war weit und breit nicht die geringste Spur zu entdecken. Sie waren und blieben verschwunden, als wären sie nie gewesen.

Der Bauer auf der Wildalm

Hoch oben in den Bergen, zwischen der übergossenen Alm und dem steinernen Meer, liegt die Wildalm. Dort befindet sich ein kleiner Bergsee, auf dessen Boden ein reicher Bauer gebannt ist, schon so lange, daß niemand mehr den Grund für diese Strafe kennt.

Er sitzt stumm und ohne sich zu bewegen da, oft viele Jahre lang. Manchmal aber weicht der Zauber, der ihn gefesselt hält, für kurze Zeit von ihm. Dann reckt und streckt er sich, erhebt sich und steigt aus der Tiefe des Bergsees empor. Da beginnen die Wassermassen wild zu schäumen, und schreiend kreisen die Raben um die Wildalmkirche. Am Himmel aber braut sich ein schreckliches Unwetter zusammen und bricht mit solcher Urgewalt los, daß das Vieh auf den Almen in panischer Angst davonrennt und sich zu Tode stürzt. Erst wenn der gebannte Bauer zum Grund des Sees zurückkehrt und wieder dort erstarrt, besänftigen sich die Mächte der Natur, und es kehrt die gewohnte Ruhe auf der Alm wieder ein.

Das tote Weib

Einen traurigen Ursprung hat der Name eines wüsten Teilabschnittes am Steinernen Meer, der »totes Weib« heißt. Vor mehr als dreihundertfünfzig Jahren soll dort in der unwirtlichen Steinwüste eine Frau den Tod gefunden haben. An der Stelle, wo ihre Leiche lange Zeit später entdeckt wurde, wurde ein Gedenkstein gesetzt. Er trägt das Datum 1631.

Der Jäger und das Teufelsgeld

Am Funtensee, in der wilden Gebirgswüste des Steinernen Meeres, ist von Zeit zu Zeit ein unheimliches Grollen zu vernehmen. Es hört sich so an, als würden in einer gigantischen Mühle Felsblöcke zu Staub zerrieben.

»Der Teufel mahlt wieder Mehl und bäckt Goldstücke daraus«, flüstern sich die Alten geheimnisvoll zu, »mit dem Satansgeld lockt er dann wieder einen in die Hölle!«

Einst befand sich ein Jäger am Ufer des Funtensees und beobachtete Murmeltiere. Er war ein junger und fröhlicher Geselle, aber blutarm. Wie er so saß und schaute, hörte er es über den See her grollen.

»Solche Goldstücke, wie sie der Teufel bäckt, könnte ich schon brauchen!« überlegte er, »aber ich komme ja doch nie zu Geld!«

Er hatte noch nicht zu Ende gedacht, da sprang das Murmeltier, dem er zugeschaut hatte, mit einem plötzlichen Satz zur Seite. Dort, wo es gesessen hatte, blinkte es golden auf. Der Jäger erschrak zutiefst.

»Das wird doch kein Teufelsgold sein«, fuhr es ihm erschrocken durch den Sinn, »meiner Seel', das ist doch nicht möglich!«

Er forschte an der Stelle genauer nach und fand tatsächlich ein blankes Goldstück. Nun wußte er nicht, was er tun sollte. Einerseits hätte er das Gold sehr nötig gebraucht, andererseits aber fürchtete er, seine Seele dem Teufel zu verkaufen, wenn er es annehmen würde. Da kam ihm plötzlich ein guter Gedanke.

»Ich weiß, wie ich feststellen kann, ob es echtes Gold ist oder ein Teufelsdukaten!« rief er triumphierend.

Vorsichtig hob er das Goldstück auf, lief damit hinunter nach Berchtesgaden in die Stiftskirche und tauchte es dort tief in den Weihwasserkessel hinein.

Mit einem Zischen verwandelte sich das blinkende Metall in grauen Stein zurück, und der Jäger hielt statt eines Goldstücks ein geschliffenes Stück Fels in der Hand.

»Gott sei Dank habe ich das Geld geprüft und nicht einfach an mich genommen«, murmelte er erleichtert und bekreuzigte sich. »Meine Seele bekommt der Teufel nicht! Bin ich bisher ohne Geld ausgekommen, dann wird es auch in Zukunft gehen!«

Fröhlich zog er seines Weges.

Der Teufel aber schäumte vor Wut, weil ihm der Jäger nicht ins Garn gegangen war. Voller Grimm setzte er seine Mühle im Funtensee in rasende Bewegung, daß es nur so polterte, rappelte und knirschte. Es gab solch einen Höllenlärm, daß vor Schrecken alle Fische im See zugrunde gingen.

Seither, so heißt es, gibt es keine Forellen oder Saiblinge mehr in diesem Gewässer. Und auch mit Jägern will der Teufel nichts mehr zu tun haben.

Die Teufelsmühle am Funtensee

Eine andere Version dieser Sage, düsterer und schauriger, überlieferte uns Toni Eichelmann:

Eingebettet zwischen hohen Bergen, am Einstieg zum Steinernen Meer, liegt der Funtensee. Vor vielen Jahren stand an seinem dunklen Wasser eine Hütte, das arme Heim eines Jägerburschen. Dem tat die Not nicht weh. Frisch und froh übte er sein Weidwerk, und hatte er lange Fasttage bei kärglichem Mahl, so war er einer der lustigsten an den hohen Festtagen in den Wirtsstuben drunten im Tal.

Einmal ist's anders worden. Auf der Mankeijagd (Murmeltierjagd) war's an den Schroffen des Sees. Da lag vor dem Jäger im Felsgeröll ein Haufen blitzblanker Taler. Unheimlich kam ihm der Schatz vor; aber nach einigem Sinnieren stopfte er die Taschen und den Hut voll von dem Wundergeld. Dann führte er ein Leben voll Saus und Braus. Jagern konnte wer wollte, aber nicht er, dem die harten Taler in der Tasche klimperten. Sie klimperten nicht gar zu lange, und bald war er ärmer als ehedem.

Die Pirsch war ihm leidig geworden, und so stieg er wieder empor zur Wand, wo er einst das runde Silber gefunden. Aber kein Geldstück war zu sehen, und schon wollt' er mißmutig umkehren, da stand ein Mann vor ihm mit übermächtig großem Kopf, zwei Hörnlein auf der Stirn.

»Willst's mit mir halten oder nicht?« fragte der Böse. Und der Jäger hat sich dem Teufel verschrieben. Gleich kugelten von der Wand Steine, die sich vor dem Jäger in Taler verwandelten. Nur kurze Zeit hat er ein neues Freudenleben geführt. Holzknechte fanden ihn zerschmettert an der gachen Funtenseewand, fast überschüttet von herabgekollerten Steinen. Seitdem aber hört man an dem See ein Geräusch gleich dem Klappern einer Mühle. Der Teufel mahlt dort Steine zu Silbertalern, um Seelen zu fangen.

Die übergossene Alm

In den Bergen am Königssee lag vor Zeiten eine weit ausgedehnte Alm. Sie war besonders fruchtbar und bot mehr als hundert Kühen bestes Weideland. Die jungen Sennerinnen, die dort lebten, waren darum sehr reich. Aus dem ganzen Land kamen die Burschen und machten ihnen den Hof. Das gefiel ihnen, doch, wie es so zu gehen pflegt, es stieg ihnen auch zu Kopf. Es dauerte nicht lange, da dünkten sie sich zu fein für die Bauernarbeit.

»Wir können uns nicht mehr um das Vieh kümmern«, erklärten sie hochmütig. »Durch die viele Arbeit leidet unsere Schönheit. Außerdem wollen wir nicht immer nur nach Kühen riechen.«

Sie stellten arme Mägde ein, welche die ganze Arbeit tun mußten für einen geringen Lohn, selbst aber rührten sie keinen Finger mehr und kümmerten sich um nichts. Ihre Gedanken kreisten nur noch um ihr Aussehen und ihre Vergnügungen.

»Wenn sie heiraten, werden sie schon wieder vernünftig«, dachten die Leute, »dann vergehen ihnen die Flausen!«

Aber die Sennerinnen verheirateten sich nicht, obwohl mancher ehrbare Bursche um sie anhielt. Sie wollten sich keine Verpflichtungen aufladen. Das freie, ungezwungene Leben im Kreise ihrer Verehrer sagte ihnen mehr zu. Von Tag zu Tag wurden sie leichtsinniger. Mit vollen Händen warfen sie das Geld für Kleider, Schmuck und allerlei Tand zum Fenster hinaus. Für arme Leute, die an ihre Türe kamen, hatten sie aber nicht einmal ein Stück Brot oder eine Tasse Milch übrig. Mit den Worten: »Arbeitet, dann habt ihr auch zu essen!« wiesen sie jeden Bittsteller hartherzig ab.

Sich selbst erfüllten sie alle Wünsche, leisteten sich, was immer ihnen in den Sinn kam und wußten zuletzt in ihrem Übermut nicht, was sie noch anstellen sollten. Da schlug eines der Mädchen vor:

»Wir haben das schönste Vieh im Land. Wir sollten es schmücken, damit jeder sofort erkennt, daß es uns gehört!«

Die anderen stimmten ihr begeistert zu. Daraufhin ließen sie die Hörner all ihrer Stiere mit purem Gold überziehen, so daß sie mit der Sonne um die Wette leuchteten. Den Kühen aber hängten sie schwere, echtsilberne Glocken um den Hals. Nun konnte jeder schon von weitem ihren Reichtum bewundern. Sie ließen ganze Fuhrwerke voller Wein aus Salzburg herbeischaffen und feierten mit den leichtlebigen Burschen, die sich täglich bei ihnen einfanden, bis tief in die Nacht hinein ausgelassene Feste. In der Kirche aber sah man die schönen Sennerinnen nie.

»Dankt Gott für euren Reichtum und verwendet ihn zum Guten«, wurden sie oft gemahnt, »sonst ergeht es euch einmal schlecht!«

»Das Beten überlassen wir lieber den armen Schluckern«, antworteten sie daraufhin schnippisch, »die haben es notwendig, wir nicht. Wir brauchen Gott nicht, wir haben bereits alles, was wir wollen.«

Als ihnen wieder einmal eine alte Frau Vorhaltungen über ihren sündhaften und gottlosen Lebenswandel machte, rief eine der Sennerinnen übermütig:

»Laß' uns in Ruhe, Alte, versteh' doch endlich, daß uns das Beten zu langweilig ist. Aber wir wollen deinem Gott einen Platz ganz aus Butter machen. Vielleicht gefällt ihm das auch. Da können wir dann besonders lustig darauf tanzen!«

»Ha, ha, ha, das wollen wir tun«, johlten die anderen Mädchen und Burschen. Sie liefen sogleich in die Sennhütten, holten dicke gelbe Butterkugeln heraus und beschmierten damit den Boden. Die alte Frau bekreuzigte sich vor Entsetzen, als sie diesen Frevel sah und eilte so rasch sie konnte davon. Die gottlose Gesellschaft aber kannte nun keine Grenzen mehr.

»Und jetzt machen wir noch eine Straße für den Teufel, daß er auch seine Freude hat!« kreischte eine der Sennerinnen vergnügt, als der Platz fertig war. Wieder rollten die jungen Leute Butterkugel um Butterkugel herbei und bestrichen damit den Weg, der zur Alm hinaufführte. Als sie fertig waren, und die Straße aus Butter sich wie ein golden glänzendes Band über die Wiesen zu dem gebutterten Platz hochwand, konnten sie sich schier ausschütten vor Lachen. Einer der Frevler rief übermütig zum Teufelshorn hinüber:

»He, du mit deinen großen Ohren, hör' zu, was ich dir sage! Das hier haben wir für dich gemacht! Das kannst du heut nacht mit deinen Gankerln (Teufeln) fressen!«

Unter dem gröhlenden Gelächter der anderen packte er eines der Mädchen und wirbelte mit ihm über die glatte Fläche, bis beide über und über voll Butter waren. Die übrige Gesellschaft folgte seinem Beispiel. Sie wuschen sich mit Wein, tanzten ausgelassen, johlten und tranken weiter bis es dunkel wurde. Da verlegten sie ihr zügelloses Fest in eine der Almhütten und feierten dort weiter.

Es war bereits um Mitternacht, als plötzlich schwere Schläge ans Fenster dröhnten. Sie klangen so unheimlich, daß die Mädchen und Burschen allesamt vor Schrecken verstummten und lauschten. Gleichsam aus dem Nichts erhob sich mit einem Mal ein heftiger Sturm, fuhr wild um die Hütte und rüttelte an ihr, als wolle er sie hinwegreißen. Ein grauenerregendes Ächzen und Stöhnen, wie von tausend armen Seelen, erfüllte gleichzeitig die Luft.

»Was ist das?« riefen die Mädchen voller Angst und drückten sich zitternd an die Burschen. Aber die wußten auch nicht, was los war, bis einer von ihnen mit bleichen Lippen flüsterte:

»Das sind die Teufel, die wir selbst gerufen haben!«

Noch ehe einer Zeit gefunden hatte, ihm zu antworten, fegte erneut der Sturm von den Funtentauern her mit unwiderstehlicher Gewalt heran, und über dem Steinernen Meer begann ein Unwetter zu toben, wie es seit Menschengedenken keines gegeben hatte. Es schien, als wären alle Mächte der Hölle lebendig geworden. Pausenlos zuckten grelle Blitze, gefolgt von ohrenbetäubenden Donnerschlägen, die tausendfach im Gebirge widerhallten. Das Wasser fiel wie mit riesigen Bottichen geschüttet vom Himmel. Stein- und Schneelawinen lösten sich von den schroffen Gebirgshängen, und

Bäume und Felsbrocken wirbelten wie Kinderspielzeug durch die Luft.

Die Leute im Tal hatten noch niemals ein derartiges Unwetter erlebt. Angstvoll flüchteten sie in ihre Häuser, zündeten geweihte Kerzen an und beteten zitternd um ihre Rettung. Am nächsten Morgen, als es wieder ruhig geworden war, machten sich einige von ihnen auf, um nach den schlimmsten Schäden zu schauen und die ärgsten Verwüstungen zu beseitigen. Als sie auf die Alm am Steinernen Meer kamen, blieb ihnen vor Schrecken fast das Herz stehen. Die ganze Alm war verschwunden, als hätte es sie nie gegeben, samt den Sennerinnen und Burschen, den Hütten, den Kühen und dem Tanzplatz und der Straße aus Butter. Sie war völlig von gewaltigen Schnee- und Eismassen bedeckt. Kein Mensch hat jemals wieder etwas von den Verschütteten zu sehen bekommen, die seither unzugänglich in ihrem eisigen Grab liegen.

Fortan aber hieß die Alm hoch oben am Blimbachtor, dort, wo die Frevler von ihrem grausigen Ende ereilt worden waren, nur noch »die übergossene Alm«.

Die Nixe vom Königssee

In uralten Zeiten, als das Berchtesgadner Land noch so gut wie unbesiedelt war, lebte ein Jäger mit seiner Tochter und seinen Dienstleuten in jener einsamen Gegend. Er war schon ein alter Mann, und die Aufsicht über dieses, von den Salzburger Herren als Jagdrevier benützte Gebiet wurde immer beschwerlicher für ihn. Eines Tages kam ein junger, fröhlicher Geselle zum Forsthaus. Höflich zog er seine Kappe und verneigte sich.

»Grüß Euch Gott, Herr Jäger«, sagte er, »ich heiße Berchtold und bin aus Salzburg. Habt Ihr nicht Arbeit für mich?«

»Warum willst du hier in der Einsamkeit arbeiten?« wunderte sich dieser. »Gibt es denn in Salzburg kein Handwerk, das dich freut?«

»Ich liebe die Natur, die Tiere und das Leben in den Wäldern«, antwortete der Bursche schlicht. »Zwar bin ich arm, aber nicht ungebildet. Auch scheue ich mich vor keiner Arbeit, doch das Jägerhandwerk scheint mir das schönste von allen. Darum bin ich hierher gekommen, um es zu erlernen.«

Forschend betrachtete der alte Mann Berchtold, und was er sah, gefiel ihm: Die Gestalt des Burschen war groß und kräftig, sein Gang aufrecht und stolz, die Hände verrieten, daß sie zupacken konnten, und das Gesicht war offen und ehrlich.

»Gut, ich will es mit dir versuchen«, entschied er und reichte ihm die Hand.

»Ich werde Euch keine Schande machen«, versprach Berchtold voller Freude und schlug ein. Der Jäger brauchte die Abmachung nicht zu bereuen. Berchtold stellte sich sehr geschickt an und konnte ihm bereits nach kurzer Zeit einen großen Teil seiner Arbeit abnehmen. Bald verstand er von allen Dingen, die ein guter Jäger wissen und können mußte soviel wie sein Lehrer selbst.

Auch die Tochter des alten Mannes, die ein sehr schönes Mädchen war, fand an Berchtold Gefallen. Es dauerte nicht lange, da hatten sich die beiden jungen Menschen von Herzen lieb gewonnen und verbrachten ihre ganze freie Zeit miteinander. Der alte Jäger billigte diese Liebe, denn er erkannte, daß Berchtold ehrlich und gut war. Er stimmte sogar der Heirat der beiden zu, obwohl Berchtold ein armer Mann war, denn er wollte ihn zu seinem Nachfolger machen. Aber bevor noch die Hochzeit stattfinden hatte können, starb er eines Tages völlig unerwartet.

Da war es mit dem Glück der beiden jungen Leute mit einem Schlag zu Ende. Die Verwandten des Jägers kamen, um die Tochter des Verstorbenen nach Salzburg zu holen. Sie lehnten die geplante Heirat ab, weil ihnen der mittellose Berchtold nicht standesgemäß erschien.

Am Abend vor der Abreise des Mädchen trafen sich die beiden Liebenden heimlich noch ein letztes Mal. Sie schworen, einander die Treue zu halten, allen Widerständen zum Trotz. Die Tochter des Jägers wollte warten und keinen anderen zum Manne nehmen, bis es ihrem Berchtold gelungen wäre, genug Geld zu verdienen, um nochmals in Ehren um sie anhalten zu können. Dann schieden sie voneinander.

Von Stund an arbeitete Berchtold wie ein Besessener. Früh war er als erster aus den Federn und abends ging er als letzter zu Bett. Er scheute sich vor keiner Arbeit und sparte, wo er nur gerade konnte. Aber trotz allen Fleißes und aller Anstrengungen brachte er es nicht zu dem erhofften Reichtum. Da erfaßte ihn eine tiefe Verzweiflung, und er fürchtete, seine Liebste nie heimführen zu können. Eines Morgens, als sein Herz besonders schwer war, nahm er seine Armbrust von der Wand, rief seinen Hund und zog mit ihm auf die Jagd.

Ziellos streifte er umher, ohne auf den Weg zu achten. So geriet er immer tiefer in den Wald hinein, bis ihm die Gegend zuletzt ganz unbekannt war. Er versuchte, wieder nach Hause zu finden und gelangte dabei mit einem Mal an einen stillen Bergsee, den er noch nie gesehen hatte. Das tiefblaue, kristallklare Wasser war von hohen, steilabfallenden Felswänden, majestätischen Bergen mit schneebedeckten Gipfeln und dunkelgrünen Waldbäumen umrahmt.

Staunend verhielt der Jäger den Schritt und war ganz überwältigt von der einzigartigen Schönheit dieser Landschaft.

»Das muß der See eines Königs sein!« dachte er. Wie er noch so stand und schaute, kam auf dem Wasser ein Schwan auf ihn zugeschwommen. Berchtold holte ein wenig Brot aus seiner Tasche und näherte sich vorsichtig dem schönen Vogel, um ihn zu füttern. Da war der Schwan mit einem Mal verschwunden und statt seiner stand eine junge Frau von zauberhafter Schönheit im Wasser. Ihr fließendes Gewand hatte die Farbe des Sees und ihr langes Haar schimmerte wie das Mondlicht auf den Schneebergen. Aus unergründlichen, tiefblauen Augen blickte sie den Jäger an.

»Wer seid Ihr, schönste Dame?« fragte dieser scheu, als er sich ein wenig von seinem maßlosen Erstaunen erholt hatte.

»Ich bin Swanhilde, die Tochter des Seekönigs«, antwortete sie, und ihre Stimme klang wie zarte Musik. »Du warst freundlich zu mir, darum will ich dir einen Wunsch erfüllen.«

»Habt Dank für Eure Güte, edle Dame«, sagte Berchtold traurig, »doch das, was ich mir wünsche, könnt Ihr mir nicht geben.«

Und er erzählte ihr von seiner Liebsten und daß er sie nicht heiraten könnte, weil er zu arm wäre und es trotz aller Anstrengungen einfach nicht zu Reichtum brächte.

»Wenn es weiter nichts ist, so kann dir geholfen werden«, lächelte die Tochter des Seekönigs. »Tauche mit mir hinab in das Reich meines Vaters und ich werde dir von seinen Schätzen geben, soviel du willst.«

Berchtold zögerte erst, denn er wußte nicht, wie tief dieser fremde See war und ob die Nixe ihn nicht doch in den Tod locken wollte. Dann aber dachte er daran, daß ihm an einem Leben ohne seine Liebste sowieso nichts lag und er folgte Swanhilde in die dunklen Tiefen des Wassers. Sie führte ihn zu einer Felsenhöhle am Grund des Sees. Dort lagen Edelsteine aller Art, Gold und Silber in großen Mengen.

»Nimm dir, soviel du tragen kannst«, forderte ihn die Nixe auf, »und kehre dann rasch zum Ufer zurück!«

Blindlings griff Berchtold in die Schätze hinein, packte, was ihm gerade zwischen die Finger kam und begann darauf wieder aufzutauchen, denn das immer stärker werdende Summen in seinem Kopf mahnte ihn zu schleunigster Umkehr. Glücklich erreichte er das Ufer des Sees. Er schöpfte tief Atem und besah sich dann mit ungläubigem Staunen die blinkenden und glitzernden Schätze in seinen Händen.

»Nun bin ich reich, so reich wie ein König«, jubelte er, »nun kann ich meine Liebste heiraten. Habt Dank, edle Swanhilde, habt tausend Dank!« rief er über das Wasser, und ein siebenfaches Echo hallte zurück.

So rasch er konnte, kehrte er zum Forsthaus heim. Schon am nächsten Morgen machte er sich auf den Weg nach Salzburg und freite um die Tochter des Jägers, die schon sehnsüchtig auf ihn gewartet hatte. Nun freilich wurde er von ihren Verwandten nicht mehr abgewiesen, denn er war ja jetzt ein reicher Mann. Fröhlich feierte das junge Paar Hochzeit und zog dann in das alte Forsthaus.

Aber Berchtold und seine Frau waren den so unvermutet gewonnenen Reichtum nicht gewöhnt und konnten nicht damit umgehen. Unbekümmert gaben sie das Geld mit vollen Händen aus, leisteten sich alles, was ihnen gerade in den Sinn kam und hatten in kurzer Zeit alles verpraßt, so daß sie so arm waren wie zuvor. Nun freilich kam die Reue, aber es war zu spät.

Von da an lebte die Not unter dem Dach des Forsthauses mit. Berchtold wußte oft nicht, wie er das tägliche Brot und was sie sonst zum Leben brauchten, beschaffen sollte. In diesen finsteren Tagen suchte er häufig den einsamen Bergsee auf, den er wegen seiner Schönheit »Königssee« genannt hatte. Stundenlang saß er am Ufer und starrte trübsinnig ins Wasser. Da sah er eines Tages wieder den großen Schwan majestätisch über den See gleiten. Voller Hoffnung hob er den

Kopf, und wirklich, kurze Zeit später stand Swanhilde vor ihm.

»Du hast allen Reichtum, den ich dir geschenkt habe, mutwillig vertan!« tadelte sie ihn mit ernster Stimme.

»Ich weiß«, antwortete Berchtold, »darum habe ich auch nie gewagt, Euch zu rufen und nochmals um Hilfe zu bitten. Ich bin Eurer Hilfe nicht wert gewesen. Und wenn Ihr mir nochmals Schätze schenken würdet, könnte ich vielleicht genauso wenig damit umgehen, wie das letzte Mal.« Da lächelte die Nixe freundlich und meinte:

»Du bist trotz deines Leichtsinnes ein guter Bursche, Berchtold. Ich will dir noch einmal helfen. Wie du selbst einsiehst, hat es keinen Sinn, dir Gold zu geben. Aber ich will dir einen Schatz zeigen, durch den du mit deiner Hände Fleiß zu Wohlstand kommen kannst.«

Sie nahm ihn bei der Hand und führte ihn durch das Gebirge zu einem bestimmten Berg. Dort schlug sie mit den Fingern leicht an einen Felsen. Dieser öffnete sich, und staunend sah Berchtold, daß in seinem Innern reiche Salzlager enthalten waren.

»Nütze meine Gabe diesmal besser«, mahnte ihn die Tochter des Seekönigs, bevor sie verschwand. Und Berchtold nützte sie gut. Er ging sofort daran, das Salz als fleißiger Bergmann abzubauen. Weil er es nicht alleine schaffen konnte, holte er sich arbeitswillige Leute zu Hilfe und siedelte sie in der Nähe an. So entstand der Ort »Berchtoldsgaden«. Das Glück blieb Berchtold fortan treu. Er lebte mit seiner Frau und den Kindern, die sie ihm gebar, in Zufriedenheit. Die ergiebigen Salzlager waren der feste Grundstock seines Reichtums. Der Berg aber, in dem die Salzlager gefunden worden war, hieß seitdem nur »der Salzberg« und wird auch bis auf den heutigen Tag so genannt.

Der seltsame Geiger am Königssee

»Geigerwand« heißt eine steil in den Königssee abfallende Felswand, die schräg gegenüber dem Kesselsteig liegt. Auf ihr ist es in hellen Vollmondnächten nicht geheuer. Dann geht dort ein seltsamer, riesengroßer Mann um, der eine Geige bei sich hat. Er stellt sich an die Ränder der Abgründe und spielt eigenartige traurige Weisen auf seinem Instrument. Weithin über das Gebirge, manchmal bis nach Salzburg hinein kann man die zauberhaften Melodien des geheimnisvollen Musikers hören.

Während seines Spieles springt er, ohne den Bogen abzusetzen und sein Lied zu unterbrechen, mühelos von Felsspitze zu Felsspitze. Sobald er sein Musikstück zu Ende gespielt hat, verschwindet er auf ebenso ungeklärte Weise, wie er gekommen ist, und keiner kann sagen, wohin.

Die Geister der Ertrunkenen im Kuchlerloch

Am Königssee befindet sich in der Nähe der Anlegestelle Kessel, von der ein Reit- und Wanderweg zur Gotzenalm hinaufführt, seitlich an einer steil abfallenden Felswand eine Höhle. Sie wird »Kuchlerloch« genannt. Nur der oberste Teil davon ist sichtbar, aber unterhalb der Seeoberfläche reicht sie weit in den Berg hinein. Dort, in den unzugänglichsten, finstersten Winkeln haust — so weiß die Sage zu berichten — der Seegeist. An diesem unheimlichen Ort hält er die Seelen der Menschen fest, die im Königssee den Tod gefunden haben.

Er besitzt tausende von farbigen, irdenen Gefäßen. In diese bannt er die Unglücklichen, und sie müssen darin ausharren, bis sie einst erlöst werden. Es gibt nur eine einzige Möglichkeit, sie schon vor dem Jüngsten Tag zu befreien: Ein lebendiger Mensch muß ganz hinab in die grauenvolle Höhle tauchen, die Gefäße suchen und wenn er sie gefunden hat, umstoßen. Dann ist der Bann gebrochen, und die armen Seelen finden endlich ihre ewige Ruhe.

Doch bisher hat es noch niemand gewagt, dieses lebensgefährliche Abenteuer zu unternehmen. So schmachten die unglücklichen Gefangenen des Seegeistes bis auf den heutigen Tag in der Finsternis des Kuchlerloches.

Die Höhle wird auch Gollingerloch genannt, weil es in ihr einen unterirdischen Abfluß des Königssees geben soll, der quer durch das ganze Gebirge zu den Gollinger Wasserfällen im Salzachtal führen soll. Als Beweis für diese Behauptung wird angeführt, daß Sägespäne, die ins Kuchlerloch geworfen wurden, bei den Gollinger Wasserfällen wieder zum Vorschein gekommen seien.

Vom Teufel, der nicht zählen konnte

Einst trieb ein Ziegenhirte, der seine Herde gewöhnlich auf den Almen rund um den Königssee grasen ließ, seine Tiere höher in die Berge hinauf als sonst. Es war ein strahlend schöner Tag, und er sang vergnügt vor sich hin. Plötzlich trat ihm ein Mann in schmucker Jägerstracht in den Weg. Er war dem Burschen fremd, obwohl er alle Jäger der Gegend kannte.

»Er wird wohl aus Tirol sein«, dachte er, »sicher kennt er sich hier nicht aus.«

Höflich zog er sein Hütchen und verbeugte sich.

»Grüß Gott, Herr Jäger«, sagte er, »habt Ihr Euch verirrt? Ich will Euch gerne helfen, denn ich weiß hier jeden Weg und Steg!«

Der Fremde zuckte bei dem freundlichen »Grüß Gott« wie unter einem Schlag zusammen und verzog das Gesicht, als hätte er in eine besonders saure Zitrone gebissen. Verwundert bemerkte der Bursche dieses eigenartige Verhalten und konnte sich erst keinen Reim darauf machen. Dann aber lief es ihm mit einem Mal kalt über den Rücken. Zu seinem Entsetzen erkannte er, daß der Jäger statt des linken Fußes einen Bockshuf hatte. Aus seinem Hut waren auch zwei merkwürdige Beulen zu sehen, so, als wären darunter Hörner verborgen. Und es erfüllte plötzlich ein unangenehmer, beißender Gestank nach Schwefel die Luft. Kein Zweifel, der Fremde war der Teufel persönlich!

»He, wie kannst du nur singen und fröhlich sein«, fragte der Höllische mürrisch; denn er war noch immer ungehalten über das »Grüß Gott«, das er gar nicht gerne gehört hatte. »Du bist doch ein armer Schlucker, und hast oft nicht einmal genug zu essen?«

»Heute ist ein herrlicher Tag, ich bin jung und mich freut das Leben«, erwiderte der Ziegenhirte, der seinen Schrecken inzwischen überwunden hatte.

»Ich bin meiner Lebtag ein braver Bursche gewesen, mir kann der Teufel nichts anhaben«, dachte er beruhigt. »Ich habe keinen Grund, ihn zu fürchten!«

»Wenn du mich zum Freund hättest, so würde dich das Leben noch mehr freuen. Ich würde dich zum reichsten Mann im Land machen!« versprach der Gehörnte mit schmeichlerischer Stimme. »Stell dir vor, du bräuchtest nicht mehr zu arbeiten und könntest tun, was immer dir gefällt!«

»Und was wollt Ihr dafür?« fragte der Bursche keck zurück. »Umsonst ist der Tod!«

»Ach, nur eine Kleinigkeit«, meinte der Teufel wegwerfend, »du brauchst mir nur deine Seele zu geben. Aber erst, wenn du gestorben bist. Jetzt kannst du sie noch behalten. Das ist doch wirklich nicht zu viel verlangt für ein Leben in Saus und Braus!«

»Er hält mich für einen Dummkopf«, dachte der Bursche, der ein pfiffiger Gesell war. »Das werde ich ihm heimzahlen. Meine Seele bekommt er nicht! Und ich werde es ihm austreiben, anständige Menschen in die Hölle locken zu wollen!«

Er gab sich den Anschein, als überlege er sich das Angebot. Dann erwiderte er:

»Freilich, das ist ein billiger Preis. Ich mache Euch aber einen anderen Vorschlag. ,Wenn Ihr zwei Aufgaben lösen könnt, die ich Euch stelle, so bekommt Ihr meine Seele sogar umsonst!«

»Und die wären?« fragte der Teufel begierig.

»Es wird immer behauptet, daß Ihr unübertroffen gut in der Kunst der schwarzen Magie seid. Das will ich nachprüfen, denn das glaube ich nicht. Wenn es Euch gelingt:

erstens die Bäume dieses Waldes dort drüben in einer halben Stunde zu zählen und

zweitens meinem Ziegenbock einen Fuß auszureißen, ohne daß er etwas davon merkt,

so soll meine Seele Euer sein. Andernfalls müßt Ihr mir versprechen, Euch niemals mehr hier blicken zu lassen.«

»Top, der Handel gilt!« rief der Teufel vergnügt und rieb sich schadenfroh die Hände.

»Das ist ein rechter Dummbart«, dachte er dabei. »Seine Seele ist schon so gut wie mein, denn diese Aufgaben erledige ich im Handumdrehen.«

Sofort lief er zu dem genannten Wald und machte sich an die Arbeit.

»Eins, zwei, drei, vier«, zählte er laut und sprang hurtig von einem Baum zum anderen. »59, 60, 61 — halt — ich glaube, der war schon dran!« Der Höllenfürst stutzte und blickte verwirrt um sich. Hatte er den Baum schon mitgezählt oder nicht? Die Bäume sahen sich alle so ähnlich! Aber so viel er auch nachgrübelte, er konnte sich nicht darauf besinnen. Es half nichts, er mußte noch einmal von vorne beginnen.

Bedeutend zorniger zählte er von neuem. Als er bei der Zahl 115 angelangt war und mitten im Wald stand, kamen ihm wieder Zweifel. Er hüpfte vor und zurück, besah sich den Baum, von dem er nicht wußte, ob er ihn mitgezählt hatte oder nicht, von allen Seiten, aber es nützte nichts, er konnte sich beim besten Willen nicht erinnern.

Da stampfte er wütend mit seinem Bocksfuß auf die Erde, spuckte Gift und Galle und schrie:

»Potz Blitz und dreimal schwarzer Kater! Elendes Grünzeug, du narrst mich nicht länger!«

Wieder fing er von vorne zu zählen an. Klüger geworden, markierte er dieses Mal jeden Baum mit einem Rußstreifen. Er hüpfte pfeilgeschwind zwischen dem Stämmen herum, aber er war trotzdem noch nicht einmal in der Mitte des Waldes angelangt, als er schon die spöttische Stimme des Hirten vernahm:

»Die halbe Stunde ist um! Ihr habt die Aufgabe nicht gelöst! Mit Eurer Kunst ist es nicht weit her, das habe ich mir gleich gedacht! So gewinnt Ihr meine Seele nie. Besser fangt Ihr die zweite Aufgabe gar nicht erst an, Ihr könnt sie ja doch nicht lösen. Macht Euch lieber gleich aus dem Staube!«

»Und ob ich sie lösen kann!« schnaubte der Teufel wild. »Du wirst schon sehen!« Er hätte sich am liebsten vor Wut in den Schwanz gebissen. »Her mit deinem Ziegenbock!«

»Na gut, ich gebe Euch noch eine Gelegenheit, Euer Können zu beweisen«, lachte der Hirte und zeigte mit der Hand auf einen stattlichen Bock in seiner Herde. »Reißt diesem sanftmütigen Tier ein Bein aus, ohne daß es etwas davon spürt, so habt Ihr gewonnen!«

Vorsichtig näherte sich der Teufel dem Bock, doch kaum hatte ihn dieser gesehen und den beißenden Schwefelgeruch in die Nase bekommen, da wurde er fuchsteufelswild. Er senkte die Hörner, nahm Anlauf und stieß sie dem Höllenfürsten mit voller Wucht gegen die Beine, so daß der laut aufschrie und das Gleichgewicht verlor.

»He, he, so haben wir nicht gewettet«, brüllte er erschrocken und wich ängstlich vor dem wütenden Bock zurück. Aber es nützte ihm nichts. Das gereizte Tier verfolgte ihn wutschnaubend und versetzte ihm dabei ständig Stöße mit den Hörnern und Schläge mit den Hufen.

Da wandte sich der Teufel um und ergriff jammernd die Flucht. Er hatte solche Angst vor dem wildgewordenen Tier, daß er nicht auf den Weg achtete und blindlings davonstolperte. So bemerkte er nicht, daß er ganz nahe an einen Abgrund gekommen war. Da nahm der Ziegenbock noch einmal einen gewaltigen Anlauf und stieß ihn hinab.

Völlig zerschunden und zerschlagen langte der Teufel unten an. Durch die Wucht des Falles hatte sich sein Bocksfuß so tief in einen Stein dort eingedrückt, daß der Abdruck noch heute zu sehen ist.

»Meiner Lebtag rede ich keinen Hirten mehr an«, schwor sich der Teufel und fuhr in die Hölle.

»Gut gemacht, bist ein braver Kerl!« lobte der Hirte seinen Ziegenbock und lachte vergnügt. »Den rußigen Gesellen wären wir los! Der kommt so schnell nicht wieder, verdirbt uns einen schönen Tag und verlangt obendrein noch die Seele eines braven Menschen!«

Er sammelte seine Herde und zog guter Dinge weiter, als wäre nichts geschehen.

Die Johannesinsel im Königssee

Die Insel Christlieger im Königssee wird auch Johannesinsel genannt. Den Namen hat sie von einer Johann-Nepomuk-Statue, die auf ihr steht.

Ehemals befand sich dort ein Denkstein des hl. Bartholomäus, doch als im Jahre 1711 bei einem Unglück aus einem gekenterten Boot alle vier Insassen aus Todesgefahr gerettet werden konnten, ließ der damalige Stiftskanzler, Herr Anton von Zeidlmayer, die Johann-Nepomuk-Statue aufstellen. Die 1750 darüber erbaute Kapelle wurde im Jahre 1810 wieder abgetragen.

Die Maikäferplage in der Schönau

Einst wurde Schönau von einer verheerenden Maikäferplage heimgesucht. Die Engerlinge traten in ungeahnten Massen auf und vertilgten alles, was sie an Freßbarem fanden. Bald war das gesamte Getreide auf den Feldern vernichtet, und die Bäume und Büsche standen in weitem Umkreis kahlgefressen da, daß man hätte meinen können, es sei Winter und nicht Mai.

Die Menschen gingen alle auf die Jagd nach den schädlichen Insekten, aber soviele sie auch fingen und töteten, es kamen immer wieder unzählige neue hervor. Wenn den Schönauern nicht bald von irgendwoher Rettung zuteil wurde, stand eine schlimme Hungersnot unabweisbar vor der Türe.

Da wandten sich die verzweifelten Bauern in ihrer Not an die Gottesmutter und baten sie um Hilfe. Sie gelobten feier-

lich, jedes Jahr von der Untersteiner Kirche aus einen Bittgang nach Maria-Kirchtal bei Lofer zu machen, wenn sie von der Maikäferplage befreit würden.

Ihr Flehen war nicht umsonst. Von einem Tag auf den anderen verschwanden die gefräßigen Engerlinge ganz plötzlich aus dem Tal. Die Saat konnte noch einmal in die Äcker gelegt werden, das Gemüse wurde von neuem angebaut und Bäume und Sträucher trieben wieder junges Grün. So konnte die drohende Hungersnot noch einmal abgewendet werden.

Die Schönauer aber vergaßen, als die Gefahr vorüber war, ihr Versprechen nicht. Seither halten sie jedes Jahr am 15. und 16. Juni eine Wallfahrt ab, die noch heute »Engerling-Bittgang« heißt. Die Bauern des Ortes, die aus irgendeinem Grund nicht daran teilnehmen können und zuhause bleiben, halten diesen Tag hoch in Ehren. Sie lassen alle Arbeiten ruhen und mähen nicht einmal das Gras.

Die Wallfahrer machen sich um 5 Uhr früh von Unterstein aus auf den Weg. Gegen 8 Uhr erreichen sie Ramsau. Dort wird in der Kirche Maria Kunterweg ein feierliches Hochamt abgehalten. Am Nachmittag kommen sie zu ihrem Ziel, wo am nächsten Morgen eine Messe gelesen wird. Anschließend begeben sich die Wallfahrer auf den Heimweg und erreichen gegen Abend wieder Schönau.

Dieser Bittgang war früher so berühmt, daß die Teilnehmer in den vergangenen Jahrhunderten trotz Krieg und Paßzwang die Grenze am Hirschbichl unbehelligt überschreiten durften. Erst ab 1934, als die Grenzen so scharf abgeriegelt wurden, mußte er einige Male ausfallen. Heute fährt ein Großteil der Wallfahrer mit dem Omnibus, aber noch immer machen sich einige Unermüdliche zu Fuß auf den langen Weg.

Die Klostergründung von Berchtesgaden

Einst befand sich der Hallgraf Engelbert II. von Lintberg in dem Gebiet des heutigen Berchtesgaden, das damals noch von dichtem Wald bedeckt war, auf der Jagd. Er verfolgte einen kapitalen Hirsch mit solcher Leidenschaft, daß er nicht mehr auf seine Begleitung achtete, sich von der Gesellschaft trennte und bald ganz allein war.

Mit einem Mal war ihm die Gegend ringsum völlig unbekannt und er sah, daß er alleine war und sich hoffnungslos verirrt hatte. Nun ließ er von dem Hirschen ab und versuchte, den Rückweg zu finden. Doch trotz aller Anstrengungen gelang es ihm nicht, seine Leute zu entdecken oder aus den riesigen Wäldern herauszukommen. Der Tag neigte sich dem Ende zu, und langsam hüllte die Dunkelheit alles in geheimnisvolle Schleier. Da verlor der Graf jegliches Richtungsgefühl und er wurde von tiefer Angst ergriffen. Zur damaligen Zeit war es sehr gefährlich, sich alleine in einem ausgedehnten Waldgebiet zu befinden. Es gab zahlreiche wilde Tiere wie Bären und Wölfe. Der Graf durfte es nicht wagen, sich niederzulegen und zu schlafen, sonst wäre er vielleicht nie mehr aufgewacht.

Müde schleppte er sich die ganze Nacht lang weiter, ebenso am nächsten Tag. Hunger und Durst quälten ihn, und ihm graute vor dem, was geschehen würde, wenn er nicht bald zu Menschen kommen würde. In seiner höchsten Not machte er das Gelübde, in dieser undurchdringlichen Wildnis, die ihn gefangen hielt, eine Kapelle erbauen zu lassen, wenn er gerettet würde.

Sein Gebet wurde erhört. Als er schon alle Hoffnung aufgegeben hatte und sich auf den Tod vorbereitete, fanden ihn seine Leute. Sie brachten den halbverschmachteten Grafen nach Hause, wo er sich langsam wieder erholte. Seine Gattin Irmingard ließ zum Dank an dem Ort, wo ihr Mann gefunden worden war, im Jahre 1087 eine Kapelle erbauen, die dem hl. Martin geweiht wurde. Vier Mönche lebten eine Zeitlang dort, verließen die Gegend aber dann wieder, weil sie so unzugänglich und fernab von jeglicher menschlichen Behausung gelegen war und von wilden Tieren bedroht war.

Irmingard gab sich jedoch damit nicht zufrieden. Sie forderte noch vor ihrem Tod die Erfüllung des Gelübdes. Im Jahre 1109 wurde der Ordensmann Eberwein mit vier Priestern und vier Laienbrüdern in das unwegsame Gebiet geschickt. Wie die Legende berichtet, stieg der fromme Mann, ehe er sich an den Aufbau von Kirche und Stift machte, auf den Untersberg, von wo er eine herrliche Aussicht über das ganze Land hatte. Lange hielt er prüfend Ausschau und wählte schließlich für die beabsichtigte Klostergründung den Platz aus, der über dem Zusammenfluß der Achen gelegen war. Diesen Ort hielt er für am besten geeignet. Zusammen mit seinen Ordensbrüdern errichtete er das Gotteshaus und damit das Kernstück der Siedlung Berchtesgaden.

Der Almerer

Seit Alters her erzählt man sich im Berchtesgadner Land von einem guten Berggeist, dem »Almerer«. In der Gestalt eines hünenhaften Mannes in Bauerntracht wandert er zur Sommerszeit über die Bergwiesen. In der rechten Hand hält er einen knorrigen Bergstock. Sein breitrandiger Hut ist mit Almrausch, Edelweiß und Enzian geschmückt. Aus seinem kühnen, wettergebräunten Gesicht, das von einem langen, eisgrauen Bart eingerahmt ist, leuchten freundliche blaue Augen.

Die Leute freuen sich, wenn sie den Almerer über ihre Wiesen gehen sehen. Dort nämlich, wo er gewesen ist, wachsen Gras und Kräuter üppiger als sonstwo; und die Weiden werden so fett, daß die Kühe doppelt so viel Milch geben wie gewöhnlich.

In dieser Sage hat sich die Erinnerung an »Wodan«, den Gott aus der Heidenzeit bis in unsere Tage erhalten. Im Berchtesgadner Land tritt er ebenso wie in anderen Alpengegenden, beispielsweise dem Werdenfelser Land, oftmals als Herr oder König der Bergwelt in Erscheinung.

Frau Bercht

Die alte heidnische Göttin Berchta spielt in der Berchtesgadner Sagenwelt eine wichtige Rolle. Einige Forscher leiten sogar den Namen »Berchtesgaden« von »Gaden der Berchta«, das bedeutet »Wohnsitz der Berchta« ab. Die in der germanischen Mythologie freundliche Gottheit, die mit der Frau Holle identisch ist, wird in der Bergsage zum gefürchteten Schreckgespenst, zu der »Frau Bercht«.

Sie wird als eine hochgewachsene alte Frau mit flachsblonden Haaren und langer Nase beschrieben. Sie trägt das Gewand einer altdeutschen Hausfrau, sowie eine weiße Haube und am Rock einen Schlüsselbund.

Besonders in den zwölf Rauhnächten treibt sie ihr Unwesen. Da begleitet sie die wilde Jagd und besucht — mit dem Sturm durch die Lüfte brausend — alle Häuser, auch die einsamsten Gehöfte, um nach dem Rechten zu sehen.

Sie schaut durch die Fenster oder Kamine herein und prüft, ob die Mägde das Hauswesen ordentlich bestellt haben. Die Mädchen, die fleißig gewesen waren, brauchen nichts zu befürchten. Frau Bercht tut ihnen nichts zuleide.

Aber wehe denjenigen, die sogar an den langen Winterabenden zu faul waren, ihren Rocken fertig zu spinnen, denen ergeht es schlecht! Die zornige Frau Bercht reißt ihnen alles durcheinander, was noch am Spinnrad hängt, so daß sie für die Arbeit dreimal so lange brauchen wie sonst. Besonders schlimm ist es, wenn der Rocken am Jahresende nicht fertiggesponnen war. Dann stößt Frau Bercht eine schreckliche Verwünschung aus:

»So manches Haar,
so manches böse Jahr.«

Auch um ungezogenen Kindern Angst einzujagen und sie dadurch zum Gehorsam zu bringen, benutzte man in früheren Zeiten das Schreckgespenst der Frau Bercht:

»Warte nur, wenn dich die Frau Bercht erwischt, dann geht es dir schlecht. Sie schneidet dir den Bauch auf und stopft ihn mit Kehrricht und Haaren voll!«

Wie es heißt, soll dieses Strafgericht auch den faulen Mägden angedroht worden sein.

Im Berchtesgadner Land war es früher üblich, an Silvester für die Frau Bercht einen Festkuchen zu backen. Er wurde zwar gemeinsam verzehrt, ein großes Stück davon aber wurde für die strenge Richterin über ein ordentliches Hauswesen zur Seite gelegt und nicht gegessen. So hoffte man, sie sich gnädig zu stimmen.

Der sagenumwobene Untersberg und seine Bewohner

Der mächtige Rücken des Untersberges ist bis weit hinaus in das bayerische Voralpenland zu sehen. In der Sagenwelt des Berchtesgadner Landes spielt dieser, auch »Wunderberg« genannte Gebirgsstock eine entscheidende Rolle. Er ist neben dem Kyffhäuser das Gebiet deutschen Sprachraumes, über das die meisten Zaubergeschichten und wundersamen Begebenheiten erzählt werden.

»Zur Heidenzeit hat ein wildes Zwergvolk den Untersberg ausgehöhlt. Mächtig dehnen sich seine Hallen und Säle. Grüne Matten breiten sich da unten; wunderbare Blumen blühen hier und reiche Bronnen fließen. Zwölf Geistergänge führen aus dem Berg hinaus ins deutsche Land.« So steht es in einem alten Volksbüchlein geschrieben. Diese unterirdischen Gemächer, Gänge und Säle des Berges funkeln von Gold und edlem Gestein. Aber nicht nur in den Tiefen, auch auf der Oberfläche des Untersberges sollen allerlei Schätze zu finden sein. Die Hüter dieser sagenhaften Reichtümer sind die Zwerge oder »Untersberger Manndln« wie sie im Volksmund genannt werden. In einer alten Schrift heißt es:

»Die Zwerge gelten für die Urbewohner der Erde und es nennt sie das Volk uralt, bergalt und aus Steinen geschaffen. Klein und winzig von Gestalt erreicht ihr Wachsam kaum die Größe eines vierjährigen Kindes. Die Zwerge haben zwar eine menschenähnliche Gestalt, sind aber häßlich, ihre Gesichtsfarbe ist aschgrau oder schwarz, den im Verhältnis zum übrigen Körper übermäßig großen Kopf deckt ein breitkrempiger Hut oder die Tarnkappe, den übrigen Körper eine grobe Kleidung von grauer, oft schwarzer oder brauner Farbe. Sie leben in Klüften und Höhlen des Gebirges, hüten entweder ihre unermeßlichen Schätze oder beschäftigen sich mit Vermehrung derselben durch Bergbau. Die Zwerge werden bald als ein gutmütiges, hilfreiches und wohltätiges Völklein, voll Klugheit und Verstand, bald als neckend, boshaft, falsch und diebisch geschildert. Musik und Tanz lieben sie sehr und nähern sich daher bei Hochzeiten oder Erntedankfesten nicht selten den Menschen. Zuweilen verdingen sie sich an dieselben auch glücksbringend als Arbeiter. Ihnen geleistete Dienste vergelten sie reichlich. Im allgemeinen halten sie sich aber vom Menschengeschlechte entfernt und scheuen vor demselben zurück, so sie sich als die Urbewohner der Erde und die Menschen als Eindringlinge betrachten. Aus dem Untersberg aber brechen sie zu Zeiten in großen Scharen und wohlgerüstet hervor (stets das Zeichen eines bevorstehenden Krieges), oder sie halten im Dome zu Salzburg, manchmal auch in den Kirchen der Nachbarschaft nächtlichen Gottesdienst.«

Die Zwerge gelten aber nicht als die einzigen Bewohner des Untersberges. Riesen, Wildfrauen und verstorbene Helden und Kaiser bevölkern nach altem Volksglauben die unterirdische Welt des Wunderberges.

Kaiser Karl der Große im Untersberg

In einer weitläufigen, prächtig ausgestatteten Halle tief im Inneren des Untersberges thront Kaiser Karl der Große auf einem Marmorsessel. Er ist von seinem gesamten Hofstaat und von seinen tapfersten Kriegern umgeben. Alle miteinander schlafen einen tiefen, todesähnlichen Schlaf. Der edle Kaiser trägt auf seinem Haupt eine juwelenbesetzte Krone und hält ein goldenes Zepter in seiner Rechten. Sein langer, weißer Bart ist mit seltenen Perlen durchflochten und fällt ihm über den goldenen Brustpanzer auf den Schoß und von dort auf den Boden. Er ist so lang, daß er schon zweimal um den Tisch, der vor ihm steht, herumreicht. Wenn der Bart des Kaisers das dritte Mal ganz um den Tisch gewachsen ist, dann ist das Weltende gekommen. So berichtet die Sage. Andere Prophezeiungen dieser Art wurden im Berchtesgadner Heimatblatt, oder »Bergheimat«, mitgeteilt:

»Alle hundert Jahre erwacht Kaiser Karl und sendet von seinem dem Leben wiedergegebenen Gefolge einen Edelknecht hinauf zum Geiereck, um nachzusehen, ob die Raben noch den Berg umkreisen. Währenddessen naht des Kaisers holde Tochter, mißt die Länge des Bartes an der Rundung des Tisches, und wenn sie sieht, daß er zum drittenmal noch nicht herumreicht, entströmen Tränen ihren Augen und werden im Geflechte des Haares zu Perlen. Auf des zurückkehrenden Edelknaben Meldung, daß noch Raben den Berg umschwärmen, neigt sich das Haupt des Kaisers auf die Brust und mit einem Wehrufe versinkt er und das ganze glänzende Gefolge in die alte Erstarrung. Doch wenn die Zeit der höchsten Not hereinbricht, dann erfüllt sich auch der Spruch der Verzückung. Die Raben verlassen dann den Berg, um die Leiber der edelsten Deutschen, welche durch Verrat gefallen im Kampfe der Zwietracht oder gegen Unterdrückung, zu zerhacken und der ausgesandte Edelknecht meldet hocherfreut das Verschwinden derselben.«

»Wenn es jemandem gelänge, das goldene Zepter, das der Kaiser in der Hand hält, ihm zu entwenden und damit drei Streiche gegen den Berg zu führen, so wäre der Kaiser ebenso erlöst. Er würde dann mit seinem Heere aus dem Untersberg herauskommen und den allgemeinen Weltkrieg beginnen. Alsdann bricht der Jüngste Tag an.«

»Wenn vierundzwanzig Raben dreimal um den Berg herumfliegen, so erwacht ebenfalls der Kaiser, muß aber dann noch so lange im Berge bleiben, bis der berühmte Zwergenstein gefunden ist, vermöge dessen alle Zwerge, die den Untersberg bewohnen, in Menschen verwandelt werden. Alsdann kehrt der Kaiser zu den Lebendigen zurück.«

»Im Jahre 1713 trieb ein Hirt von Grödig beim Sternenlicht seine Herde nach Hause, da trat ein kleines Männlein aus dem Wunderberge und winkte. Unverzagt folgte ihm der Hirt in das Innere des Berges hinein. Sie kamen in einen weiten, erleuchteten Raum. Da saß Kaiser Karl mit anderen Fürsten und Helden um einen Marmortisch und schlummerte. Als der Hirt eintrat, erwachte der Kaiser und fragte: ‚Fliegen die Raben noch um den Berg?‘ ‚Jawohl, und zwar in Menge‘, entgegnete der Hirt, und schwer seufzend der Kaiser: ‚Dann müssen wir noch hundert Jahre warten!‘ Sodann war alles verschwunden und zerstoben, der Hirte plötzlich außerhalb des Berges und auf seinen Heimweg entrückt.«

Der Birnbaum auf dem Walser Feld und das Weltende

Viele Prophezeiungen vom Weltuntergang hängen mit dem Untersberg und mit dem davorliegenden Walser Feld zusammen. J. Grimm schrieb Anfang des 19. Jahrhunderts:

»Auf dem nicht fernen Walserfelde steht ein ausgedorrter Birnbaum, der schon dreimal umgehauen wurde; seine Wurzel schlug immer aus, daß ein neuer, vollkommener Baum daraus erwuchs. Wann er wieder beginnt zu grünen, dann nahet die schreckliche Schlacht, und wenn er Früchte trägt, wird sie anheben. Der dann zu Vorschein kommende Zwergestein verwandelt alle Zwerge in Menschen, und es wird ein Blutbad sein. Der Antichrist erscheint, die Engelposaunen ertönen und der Jüngste Tag ist angebrochen.«

Andere Prophezeiungen ähnlich düsteren Inhaltes fanden sich in der »Bergheimat«:

»Wenn über Deutschland die höchste Not hereinbricht, erwacht Kaiser Karl zu neuem Leben, sammelt sein Gefolge und zieht an der Spitze desselben aus dem Untersberg hin zum großen Walserfelde. Dort angekommen, hängt er sein Wappenschild an einen dürren Ast des Birnbaumes, der oft verflucht und abgehauen, doch immer wieder nachwuchs. Darauf erschallt sein Heerruf durch Deutschlands weite Gauen und alle treuen Deutschen eilen, sich unter seinem Schilde zu sammeln. Aber auch alle Feinde Deutschlands und viele seiner eigenen Söhne werden sich zusammenrotten, mit großer Heeresmacht den Kaiser angreifen und ihn und seinen Anhang zu vertilgen suchen. Damit wird eine schreckliche, dreitägige Schlacht entbrennen, zu der alle Männer, Weiber und Kinder laufen und mitmorden werden. Die Erschlagenen werden Hügel bilden, das Erdreich wird nicht mehr das vergossene Blut einzusaugen vermögen, es wird den Streitern in die Schuhe laufen und des Rasens und Mordens wird kein Ende sein, bis am Abend des dritten Tages alle fremden und einheimischen Feinde Deutschlands gedemütigt, erschlagen und vernichtet sind. Über das blutige Walserfeld wird vom Hohenstaufen noch die Sonne ihre scheidenden Strahlen entsenden, wenn von dem großen Wahlplatze der Kaiser mit seinem Heere gegen Salzburg zieht, dessen alte Burg einst Zeuge war seiner Verzückung und Zeuge ist seines Sieges und seiner Herrlichkeit. Die Tore der Stadt werden zu enge sein, um die Scharen der Streiter einzulassen, die Räume derselben zu klein, sie zu beherbergen. Am kommenden Morgen aber wird der Kaiser mit allen Bischöfen, Fürsten und Edlen der Wunderhalle und seinen tapferen Heerscharen im hohen Dome zu

Salzburg ein feierliches Dank- und Lobamt halten, den ewigen Frieden verkündigen und seinen Nachfolger als Ersten des neuen Kaisergeschlechtes erwählen.«

»Der Küblerbauer Georg bei Reichenhall erzählte für gewiß, daß Kaiser Karl, wenn er die Schlacht auf dem Walserfelde wird gewonnen haben, auf einem dreifüßigen Schimmel mit der Siegesfahne davonreiten wird.«

Es soll auch eine geheime Verbindung von den unterirdischen Hallen des Untersberges, von der Karlshöhle nahe dem Fürstenbrunnen unter dem Walserfelde hindurch, vorbei an den Wurzeln des uralten Birnbaumes bis hinüber nach Salzburg in den Dom hinein, geben, wie überliefert wird.

Friedrich Barbarossa im Untersberg

Auch der berühmte Kaiser Friedrich Barbarossa hält sich, wie die Sage zu berichten weiß, im Untersberg auf. Wie Karl der Große ist er nicht gestorben, sondern mit seinen Leuten in das unterirdische Reich des Berges gebannt worden. Ritter Koch Sternfeld schrieb darüber:

»Die Marmorgewölbe des Untersberges umschließen den gebannten Kaiser Friedrich, sein Hoflager und seine Heerscharen; in langen Zügen wallen die vertriebenen Mönche durch Erdklüfte unter den Seen und Flüssen nach den benachbarten Kirchen und feiern in St. Bartholomä, in Grödig, im Münster Berchtesgadens und im hohen Dom der Hauptstadt zur Mitternachtsstunde unter Glockenklang und Orgelton den Gottesdienst. Kriegerische Musik und Waffengeklirr schallen — besonders bei nahendem Krieg — aus des Berges Höhlen; wilde Ritter und Knappen durchstürmen, dem Landvolk zum Schrecken und sich zur Pein, auf feurigen Rossen, in glühenden Panzern, mit sprühenden Waffen, die benachbarten Gefilde.

Sie eilen mit scheidender Nacht wieder in den Berg zurück, dessen eherne Pforte zwischen den eingestürzten Öfen (Felsklüften) beim Hallturm hinter den Trümmern der Burg Planen dem Wanderer nur selten und augenblicklich sichtbar wird. Hier harren diese Gebannten unter Gebet und guten Werken ihrer Erlösung und jenes furchtbaren Tages, da Unglauben und Gewalt den höchsten Grad erreichen und die Völker sich wie im Wirbelwind aneinanderdrängen werden, um auf der weiten Ebene von Wals die Völkerschlacht zu schlagen, in der Kaiser Friedrich mit seinen Heeren der guten Sache den Sieg erringt.«

Hier ist davon die Rede, daß Kaiser Friedrich die Schlacht auf dem Walserfelde schlagen wird, andere Quellen schreiben die Führungsrolle bei diesem entscheidendem Kampfe Kaiser Karl dem Großen zu.

Das seltsame Erlebnis des Lazarus Aigner

Im »Historischen Schatzkästlein« (erschienen 1832) wird uns eine merkwürdige Geschichte überliefert, die einst einem Bürger Reichenhalls bei einer Felsenschlucht des Untersberges, Hoher Thron genannt, zugestoßen sein soll.

»Noch waren zehn Jahre nicht vorüber, seit Luther seine Reformation begonnen hatte, da ging ein andächtiger Bürger von Reichenhall eines Sonntags nach der Frühmesse weit aus lustwandeln. Er kam an den Untersberg, sah mit Erstaunen den Berg offen wie durch ein Kapellentörlein, darüber eine In-

schrift mit silbernen Buchstaben in einer Sprache, die kein Sterblicher gehört hatte. Ihm entgegen schritt ein eisgrauer, ehrwürdiger Mönch mit einem mächtigen Schlüsselbund, ganz in ein großes Buch vertieft. Eine ungeheure Pforte flog klirrend und prasselnd auf, und auf einer schönen Wiese stand eine unendliche Kirche mit zweihundert Altären und mehr als dreißig Orgeln. Zweimal dreihundert Mönche sangen die Horen. Darauf schlug die große Glocke markerschütternd und doch lieblich an, und aus allen Winkeln kam zahlloses Volk zum Hochamt.

Nach dem Gottesdienst bewirtete der Mönch den Reichenhaller Bürger köstlich und führte ihn umher in den Wendungen des Berges. Da sah er Barbarossa, der einst in den Papsthändeln Salzburg mit Feuer und Schwert verwüstete, unter betäubendem Kriegslärm, Trommelwirbel und Trompetengeschmetter und wehenden Fahnen; dann wieder in einsamer Majestät Karl den Großen mit dem langen Silberbart. Reicht der das zweitemal die ganze lange Tafel herum, so bricht der Jüngste Tag herein. — Lustwandelnd begegneten sie auch vielen unlängst verstorbenen Bayernfürsten, Herren und Frauen, Salzburger Erzbischöfen, Pröbsten von Berchtesgaden und St. Zeno.

Auf die Frage, was diese hier täten, gab das Mönchlein dem Reichenhaller Bürger eine solche Maulschelle, daß er glaubte, alle neun Chöre der Engel singen zu hören, und diesen Backenstreich bis an sein Lebensende verspürte. Doch wurde der Mönch wieder freundlich und schlug ihm uralte, mächtige Bücher auf aus Tierhäuten und Baumrinden. Darin stand vieles von den Strafen der Gottlosen, von Türken und Schweden, vom Greuel der Verwüstung, daß die Wölfe wieder in die Städte dringen und in Salzburg ihre Jungen hinter St. Ruperts Altar legen würden; von zwei großen Schlachtfeldern am Rhein und auf den Walserfeldern bei Salzburg und wie zuletzt Barbarossa mit den Seinen aus dem Bergesdunkel steigen und den Sieg entscheiden werde. — Dann zeigte der Mönch dem Reichenhaller Bürger die zwölf betretenen Ausgänge aus dem Untersberg in verschiedenen Gegenden. In einer davon wies er ihm einen dürren Birnbaum, der schon einmal umgehauen worden sei, aber aus der Wurzel frisch wieder ausgetrieben habe. Wenn der wieder umgehauen werde und noch einmal grüne und Früchte trüge, werde ein wehrhafter Bayernfürst zu dem Baum treten, seinen Schild daran hängen, über alle Neider und Widersacher siegen und Bayern groß machen.

Gütig entließ der Mönch den Reichenhaller Bürger auf den alten Weg. Bei jäher Todesstrafe verbot er ihm, sich umzusehen und bevor fünfunddreißig Jahre verflossen wären, etwas von diesen Geschichten irgendeiner lebenden Seele zu offenbaren.«

Soweit der Bericht aus dem »Historischen Schatzkästlein«. Der Name des Mannes, dem dieses sonderbare Erlebnis im Jahre 1529 zuteilgeworden sein soll, war Lazarus Aigner, nach anderen Quellen Gitschner. Er war zu seiner Zeit ein Diener des Stadtschreibers von Reichenhall. Wie es heißt, bewahrte er während der ihm von dem Mönche auferlegten Zeitspanne strengstes Stillschweigen über das wundersame Geschehen. Als die Frist abgelaufen war, schrieb er seine Geschichte nieder und schwor, daß sie wahr sei und sich genauso zugetragen habe, wie er sie erzählt habe.

Der Riese Abfalter

In uralten Schriften wird berichtet, daß früher im Untersberg ein Geschlecht von Riesen hauste. Die ungeschlachten Gesellen kamen oft des Nachts aus dem Berg und stiegen in die umliegenden Ortschaften hinab. Dort stützten sie sich mit ihren Ellenbogen auf den Firsten der Bauernhäuser auf, so daß diese unter der gewaltigen Last bis in die Grundmauern erzitterten. Manchmal blieben die Riesen die ganze Nacht über so stehen und schauten unverwandt in die Richtung, von wo der neue Tag heraufziehen mußte. Erst wenn der Morgen graute und die Sonne aufging, verließen sie die Dörfer. Dann war die Frist, die sie auf der Erde verbringen durften, vorüber, und sie mußten in die dunklen Höhlen des Untersberges zurückkehren.

Noch im Jahre 1645 behaupteten einige sehr alten Männer aus Feldkirchen, daß sie als Buben mit eigenen Augen gesehen hätten, wie die Riesen aus dem Untersberg hervorgekommen seien und sich auf der Grödiger Pfarrkirche aufgestützt hätten, gerade so wie Menschen sich auf einen Stock stützen. Sie hätten niemandem ein Leid getan, sondern mit verschiedenen Leuten ganz freundlich gesprochen.

Einer der mächtigsten und stärksten Riesen hieß Abfalter. Er benützte auf dem Untersberg einen großen Felsgraben, den man heute noch sehen kann, als Lagerstätte. Wenn er zornig war oder wenn er sich langweilte, riß er gewaltige Felsbrocken aus dem Berg und schleuderte sie weit in das Land hinaus. So sollen viele Hügel in der Umgebung entstanden sein.

Als er einmal in Richtung Salzburg unterwegs war, begegnete ihm beim Gaisberg ein schönes Riesenmädchen. Es kam vom Abersee und wollte über die Salzach zum Untersberg. Um sich die Füße nicht naß machen zu müssen, hatte es sich vorsorglich die ganze Schürze voll mit Felsblöcken gesammelt. Diese wollte es in den Fluß werfen und dann trockenen Fußes darüber hinwegschreiten. Ohne es zu bemerken, hatte es aber fast alle Steine bei Plainfeld verloren, weil ein scharfer Zacken ein Loch in seine Schürze gerissen hatte. Als es nun an der Salzach angelangt war, konnte es nicht hinüber. Gerade in diesem Augenblick kam der Riese Abfalter des Weges. Er sah die Not des schönen Fräuleins. Ohne zu zögern watete er durch das Wasser, nahm die Riesin auf die Arme und trug sie durch den reißenden Fluß auf die andere Seite hinüber.

So steht es in den alten Schriften. Ob das Riesenfräulein und Abfalter ein Paar geworden sind? Niemand weiß es.

Die Wildfrauen vom Untersberg

Auf und im Untersberg wohnen — so behaupteten noch vor 70 Jahren einige alte Leute aus dessen Umgebung — die Wildfrauen. Das sind zarte, feingliedrige Geschöpfe in Frauengestalt mit lieblichen Gesichtern und wunderschönen langen Haaren. Oft wandeln sie in weißen, wallenden Gewändern auf den Gipfeln oder Graten der Berge umher und singen dabei bezaubernde Lieder. Die verborgenen Höhlen und Felsspalten, durch die sie aus dem Berg kommen, nennt man »eiserne Türen«. Die Frauen waschen für Kaiser Karl und sein Gefolge die Wäsche und hängen die roten und weißen Tücher an hohen Stangen oder an den Felswänden zum Trocknen auf.

Manchmal kommen sie in die umliegenden Dörfer und verdingen sich dort unerkannt als Dienstmägde. Dann schaffen sie still und fleißig und bringen ihren Brotgebern Reichtum ins Haus, wie folgende Geschichte aus der »Bergheimat« berichtet:

»Zum Mooswirt kommt einmal spät abends ein Mädchen, bittet um Nachtherberge und trägt sich als Dienstmagd an. Die gutmütige Frau bemerkt zwar, daß sie zur harten Stallarbeit zu zart und fein gebaut sei, nimmt sie aber doch auf wiederholtes Bitten in Dienst. Treu, folgsam und freundlich, ist das Mädchen von früh bis spät auf den Beinen und unter ihrer sorgsamen Pflege nimmt das Vieh zusehends zu, im Haus ist alles in schönster Ordnung und blendend rein, im Garten blüht und duftet es, das Feld steht reich voll Ähren, so daß die Frau die Stunde segnet, in welcher das Mädchen in ihren Dienst trat. So bleibt es mehrere Jahre, bis einmal ein Holzhauer, der vom Untersberge zurückkehrt, beim Wirtshause stillhält, die Magd herausrufen läßt und zu ihr sagt:

»Als ich heute hoch oben am Berge Holz fällte, hörte ich auf einmal aus einer Steinkluft rufen: ‚Du, Bauer, sage der Magd beim Mooswirt, daß ihr Vetter gestorben ist.‘

Kaum hatte die Dirne die Kunde vernommen, so macht sie sich ohne Abschied zu nehmen auf und eilt dem Untersberge zu. Niemand sah das Mädchen seitdem wieder, aber die Wirtsleute haben sie nie vergessen, ihren Namen immer segnend genannt.«

Die Wildfrauen verabscheuen es, wenn Eheleute zerstritten sind und tun alles, um sie wieder zu versöhnen. Kleine Kinder lieben sie besonders und versuchen immer wieder, eines mit sich in das unterirdische Wunderreich des Untersberges zu nehmen. Auch Wanderer oder Reisende, die durch das Gebirge kommen, wollen sie mit sich fortlocken. Aber wehe demjenigen, der den Verführungskünsten der schönen Wesen erliegt und ihnen in den Berg folgt! Er sieht nimmermehr die Sonne und muß bis zum Jüngsten Tag in der Unterwelt bleiben.

Auf dem Gosleierfelsen bei Grödig ließ sich in dem dort gelegenen Alpenrosengarten zur Sommerszeit manchmal eine Wildfrau sehen. Mit ihren langen blonden Haaren und den großen veilchenblauen Augen sah sie ganz bezaubernd aus. Sie trug ein schneeweißes Gewand und sang wunderbare Melodien, die jedem, der sie vernahm, wie ein Zauber ins Herz drangen, so daß er immer mehr davon hören wollte. Die Kinder des Ortes lauschten wie gebannt und wollten der Sängerin nachfolgen, aber ihre Eltern verboten ihnen dies auf das Eindringlichste:

»Wenn ihr die Wildfrau seht und singen hört«, warnten sie, »so betet rasch ein Vaterunser und rennt, was ihr nur rennen könnt. Wer mit ihr geht, darf nie wieder zurückkehren. Er muß immer bei ihr im Berg bleiben!«

Da hüteten sich die Kinder vor der zauberischen Frau und näherten sich ihr nicht. All ihr Locken und Singen war umsonst, sie konnte keines der Kinder mit sich in den Berg entführen.

Der Bauer und die Wildfrau

Viele seltsame Geschichten über die Wildfrauen vom Untersberg wurden uns überliefert. Mitte des 17. Jahrhunderts soll sich folgendes Ereignis zugetragen haben, das in den »Sagen der Vorzeit« (Brixen 1818) beschrieben steht:

»Einstens geschah auch nächst diesem Berge, daß ein kleiner Knab auf dem Pferde saß, das sein Vater zum Umackern eingespannt hatte. Da kamen auch die wilden Frauen aus dem Berge hervor und wollten diesen Knaben mit Gewalt hinwegnehmen; sein Vater aber, dem die Geheimnisse und Begebenheiten dieses Berges vorhin schon bekannt waren, eilte den Frauen ohne Furcht zu und nahm ihnen den Knaben ab mit den Worten:

‚Was erfrecht ihr euch so oft herauszugehen und mir jetzt sogar meinen Buben hinwegzunehmen? Was wollt ihr mit ihm machen?‘

Die wilden Frauen sagten: ‚Er wird bei uns bessere Pflege haben; es wird ihm bei uns besser gehen als zuhause, und der Knabe wäre uns sehr lieb, es wird ihm kein Leid widerfahren.'

Allein der Vater ließ seinen Knaben nicht aus den Händen, und die wilden Frauen gingen bitterlich weinend von dannen.«

Der ungetreue Ehemann

Eine andere Geschichte über die Wildfrauen wird uns in obengenanntem Büchlein so geschildert:

»Mehrmalen hat es sich in vorbemeldeten Jahren begeben, daß eine wilde Frau öfters aus dem Wunderberg gegen das Dorf Anif ging, welches eine gute halbe Stunde vom Berg entlegen ist. Alldort machte sie sich in die Erde Löcher und Liegerstatt. Sie hatte ein ungemein langes und schönes Haar, das ihr beinahe bis zu den Fußsohlen hinabreichte. Ein Bauersmann von dem Dorfe Anif sah diese Frau öfters von- und zugehen und verliebte sich in sie hauptsächlich wegen der Schönheit ihrer Haare. Er konnte sich nicht erwehren, zu ihr zu gehen, betrachtete sie mit vielem Wohlgefallen und legte sich endlich in seiner Einfalt ohne Scheu zu ihr in die Liegerstätte. Es sagte eines zum anderen nichts, viel weniger, daß sie etwas Ungebührliches getrieben. In der zweiten Nacht aber fragte die wilde Frau den Bauern: ob er nicht selbst eine Frau habe? Der Bauer aber verleugnete seine Ehewirtin und sprach: Nein!

Allein des Bauers Weib machte sich viel Gedanken, wo denn ihr Mann abends hingehe und des Nachts schlafen möge? Sie spähete ihm nach und traf ihren Mann auf dem Felde schlafend bei der wilden Frau. ‚O behüte Gott!‘, sagte sie zur wilden Frau, ‚deine schönen Haare! Was tut ihr denn da miteinander?‘ Mit diesen Worten wich das Bauersweib von ihnen, und der Bauer erschrak sehr hierüber. Aber die wilde Frau hielt dem Bauern seine treulose Verleugnung vor und sagte zu ihm: ‚Hätte deine Frau bösen Haß und Ärger gegen mich zu erkennen gegeben, so würdest du jetzt unglücklich sein und nicht mehr von dieser Stelle kommen; aber weil deine Frau nicht bös war, so liebe fortan deine Frau und hause mit ihr getreu und untersteh dich nicht mehr daher zu kommen, denn es steht geschrieben: Ein jeder lebe getreu mit seinem angetrauten Weibe; obgleich die Kraft dieses Gebotes einst in große Abnahme kommen wird und mit dieser aller zeitliche Wohlstand der Eheleute. Nimm diesen Schuh voll Geld von mir, gehe hin und sieh dich nicht mehr um.‘«

Der Salzburger und die Wildfrau

Laut den »Sagen der Vorzeit« von 1818 hatte auch ein Mann aus dem Salzburgischen einst eine merkwürdige Begegnung mit einer Wildfrau:

»Ein Mann von Gretig bei Salzburg, welcher mit seiner Frau in Unfrieden lebte und von ihr schlecht behandelt wurde, geht nach der Frauenhöhle am Untersberg und bleibt die Nacht hindurch daselbst liegen. Da erscheint ihm eine Jungfrau halb weiß, halb schwarz, welcher er erzählt, daß er mit seiner Frau im Streite sei.

Die Jungfrau setzt sich zu ihm und unterhält sich vertraulich mit ihm. Als er weg will, sagt sie ihm, weil er sich gegen sie so gut benommen habe, so solle er ruhig nach Hause gehen, er werde seine Frau ganz gut gesinnt antreffen.«

Der Salzburger tat, was ihm die Wildfrau befohlen hatte. Wie weiter berichtet wird, soll er sich tatsächlich mit seiner Frau ausgesöhnt haben und fortan ein glückliches Eheleben mit ihr geführt haben.

Der verschwundene Hirte an der Kugelmühle

Einst hütete ein Knabe an der Kugelmühle bei Berchtesgaden Vieh. Da trat mit einem Mal eine sehr schöne, weißgekleidete Frau vor ihn hin.

»Komm mit mir, ich will dir herrliche Schätze zeigen!« versprach sie und lächelte das Kind freundlich an.

»Ich darf nicht«, antwortete der Knabe, »meine Eltern haben mir verboten, mit Fremden zu gehen. Außerdem kann ich die Tiere nicht alleine lassen, sie verlaufen sich sonst!«

»Du brauchst nur ein kleines Stück mit mir kommen, es ist nicht weit«, lockte die Frau, »deine Eltern werden sich gewiß freuen, wenn du ihnen die Schätze bringst. Aber du mußt mit mir gehen, alleine findest du sie nie.«

Da wurde der Knabe neugierig, ließ seine Tiere im Stich und folgte der Unbekannten. Es war aber eine Wildfrau. Sie nahm ihn mit sich in den Untersberg. Lange Zeit sah und hörte man nichts mehr von dem Kind, so verzweifelt Vater und Mutter auch nach ihm forschten. Ein Jahr später sahen es einige Holzknechte von weitem. Es saß auf einem Baumstumpf am Untersberg und trug ein grasgrünes Gewand. Sofort verständigten die Holzknechte die Eltern. Diese ließen alles stehen und liegen und rannten zu der genannten Stelle. Doch als sie dort ankamen, war von dem Knaben keine Spur mehr zu finden. Er ist nie wieder zum Vorschein gekommen.

Die Gabe der Wildfrau

An dem Weg von Salzburg nach Berchtesgaden liegt auf dem Gutrathsberg nahe Marktschellenberg die Ruine des einstigen Schlosses Gutrath. Vor Jahrhunderten lebte dort in der Nähe ein Köhler. Er war ein armer, aber ehrlicher Mann und hatte eine Tochter, die als das schönste Mädchen weit und breit galt. Sie hieß Liesel und war mit einem Burschen namens Franz versprochen. Die beiden liebten sich sehr, konnten jedoch nicht heiraten, weil sie nicht genügend Geld hatten, um einen eigenen Hausstand zu gründen. Beide arbeiteten und sparten, soviel sie konnten, dennoch war es nur wenig, was sie jedes Jahr zurücklegen konnten. Liesel verdingte sich im Sommer immer als Sennerin und zog mit dem Vieh auf die Alm. Wenn der Herbst begann, und sie mit den ihr anvertrauten Tieren glücklich wieder heimkam, machte sie jedesmal eine Wallfahrt nach Maria Gern.

Als sie sich einmal auf dem Rückweg von Maria Gern befand und eben durch die Almbachklamm ging, kam ihr in den Sinn, daß sie ihre Freundin besuchen könnte, die ganz in der Nähe die Almbachhütte als Sennerin bewirtschaftete. Sie zögerte nicht lange und schlug den Weg dorthin ein. An der Hütte angelangt klopfte sie an die Türe. Aber alles blieb still, niemand öffnete ihr.

»Schade, ich hätte sie gerne gesehen«, dachte das Mädchen, drehte sich um und wollte gerade wieder gehen, als mit einem Mal eine schöne Frau mit langen, blonden Haaren herzutrat und sprach:

»Komm nur herein, Liesel, und iß mit mir!«

Erstaunt darüber, daß die Fremde ihren Namen kannte, folgte sie ihr in die Hütte und ließ sich bewirten. Die schöne Frau setzte ihr ein Rahmmus vor. Es schmeckte so gut, daß Liesel meinte, nie etwas Besseres gegessen zu haben.

»Fürchtest du dich nicht, wenn du so alleine den weiten Weg durch die Berge gehst?« fragte ihre Wirtin. »Du könntest doch einer Wildfrau begegnen!«

»Vor den Wildfrauen habe ich keine Angst«, erwiderte das Mädchen. »Ich habe noch nie gehört, daß sie rechtschaffenen Leuten etwas zuleide getan hätten! Nur böse Menschen müssen sie fürchten!«

Da lächelte die Fremde freundlich und bekannte:

»Du hast recht, mein Kind. Siehe, ich bin eine Wildfrau. Ich habe dich heute in Maria Gern beobachtet und beschlossen, dir zu helfen, weil du ein gutes, arbeitswilliges Mädchen bist. Ich weiß, daß du deinen Verlobten noch nicht heiraten kannst, weil euch das nötige Geld fehlt. Dem will ich ein Ende machen. Morgen schon sollst du mit ihm in der Stiftskirche getraut werden!«

»Wie kann das sein?« wunderte sich das Mädchen. »Wir müssen noch einige Jahre sparen, bevor es soweit ist.«

»Schenke mir dein Vertrauen und komme mit mir!« antwortete die Wildfrau und streckte ihre Hand aus. Gehorsam stand Liesel auf und folgte ihr. Sie gingen auf geheimen Pfaden über das Gebirge zum Untersberg. Dort schlug die Wildfrau an einen hohen Felsen. Dieser öffnete sich und ließ sie ein. Staunend blickte das Mädchen um sich und glaubte zu träumen. Sie standen in einem hohen, lichten Saal, der ganz mit Marmor ausgekleidet war. Riesige Spiegel hingen an den Wänden und gaben das Licht der zahlreichen Kerzen tausendfach wieder. Wie auf Erden das Obst, so lagen hier kostbare Edelsteine in den Schalen auf den Tischen.

Einige Bergmännlein und Wildfrauen liefen geschäftig herbei und begrüßten die Neuankömmlinge ehrerbietig. Es zeigte sich, daß Liesels Begleiterin ihre Fürstin war. Das Mädchen wurde in ein Gemach geführt, in dem ein großes Himmelbett stand. Da fühlte es mit einem Mal eine seltsame Müdigkeit,

der es nicht widerstehen konnte. Es legte sich auf die weichen Kissen nieder und schlief gleich darauf ein.

Als es wieder erwachte, wußte es im ersten Augenblick nicht, wo es sich befand, dann aber kam ihm das gestrige Erlebnis wieder in den Sinn. Während es noch staunend um sich sah, traten zwei Wildfrauen in die Kammer, zogen ihm ein prachtvolles Gewand aus weißer Seide an und flochten ihm Perlen in die Haare. Liesel ließ alles mit sich geschehen, doch als sie anschließend in den Spiegel schaute, kannte sie sich selbst nicht mehr, so schön sah sie aus. Als die Wildfrauen sie fertig angekleidet hatten, erschien die Fürstin in dem Gemach, legte ihr einen kostbaren Schmuck um den Hals und sagte lächelnd:

»Komm' Liesel, jetzt fahren wir zu deiner Hochzeit!«

Sie gingen miteinander aus dem Untersberg heraus, wo vor dem Felstor eine Kutsche wartete, die von zehn Schimmeln gezogen wurde. Wie im Traume stieg Liesel, die nicht wußte, wie ihr geschah, in den Wagen und fuhr mit der Fürstin nach Berchtesgaden zur Stiftskirche. Zahlreiche Bergmännlein und Wildfrauen folgten dem Zug. Als sie an dem Gotteshaus angekommen waren, führte die Fürstin das Mädchen dem Bräutigam zu, den sie mit einer ähnlichen Kutsche hatte holen lassen. In einer feierlichen Hochzeitsmesse wurden die beiden jungen Leute getraut. Anschließend brachte die Fürstin das Brautpaar nach Marktschellenberg, wo fleißige Bergmännlein während der Nacht einen schönen Bauernhof mit allem Drum und Dran errichtet hatten. Alles, was für einen Hausstand nötig war, wie Möbel, Geschirr und Vorhänge, aber auch Vieh und Lebensmittelvorräte waren darin vollständig enthalten.

»Das ist mein Hochzeitsgeschenk für euch«, erklärte die Fürstin. Dann übergab sie der Braut noch einen geschliffenen Bergkristall.

»Hebe diesen Stein gut auf«, mahnte sie, »das ist ein Glücksstein. Solange ihr ihn im Hause habt, werden Glück und Frieden darin wohnen.«

Die beiden jungen Leute bedankten sich bei ihrer Wohltäterin und versprachen ihr, den Stein immer hoch in Ehren zu halten.

Und sie taten es auch. Liesels Vater zog zu dem jungen Paar in den schönen Hof und verbrachte seinen Lebensabend im Kreise seiner Familie. Liesel und Franz aber führten zeitlebens eine gute Ehe miteinander in Frieden und Eintracht. Darum nannten sie den Hof »Friedensberg«.

Diesen Namen führt das Gehöft bis auf den heutigen Tag.

Das unerwartete Hochzeitsgeschenk

Eine ähnliche Sage wird in der »Bergheimat« von einem Bauernmädchen erzählt, das einst von Glanegg nach Großgmain ging:

»Als dasselbe auf dem Gangsteig die nasse Wiese unweit des oberen Marmorbruchs erreichte, sah es eine wunderschöne, weißgekleidete Frau Flachsbündel auf dem frisch gefallenen Schnee ausbreiten. Erstaunt blieb das Mädchen stehen und erschrak nicht wenig, als die geheimnisvolle Frau ihm winkte, sich ihr zu nähern. Als es zögernd näher trat, sprach jene:

»Nimm, mein Kind! Und löse dir die Bündel hier zu deiner Hochzeitsfeier.«

Gehorsam tat das Mädchen, wie ihm geheißen, sammelte die Flachsbündel in seine Schürze und eilte, so schnell es konnte, nach Hause. Als es aber in der Mutter Gegenwart die Schürze entleerte, fielen aus derselben statt der Flachsbündel eitel Perlen, Smaragden und Edelsteine heraus. Das war der Lohn für seine Bescheidenheit und Folgsamkeit.«

Die drei Frauen an der steinernen Stiege

Zwei Studenten gingen einmal bei Glanegg auf die Berge. Da erblickten sie auf einer Wiese unterhalb der steinernen Stiege drei Wildfrauen. Die Burschen verhielten sich ganz ruhig und konnten beobachten, wie diese ihre goldglänzenden langen Haare in der dortigen Quelle wuschen, anschließend von der Sonne trocknen ließen und sie dann bürsteten, daß es wie von Funken sprühte. Dabei sangen die Wildfrauen liebliche Weisen und tanzten in ihren weißen, wehenden Gewändern dazu. Ganz verzaubert sahen die Studenten den schönen Wesen zu, bis sie mit einem Mal plötzlich verschwunden waren.

Die Wildfrauen von Schloß Plain

Einst hielt sich ein Bauer — sein Name war Reindl — geschäftehalber in Großgmain auf. Erst spät in der Nacht machte er sich auf den Heimweg. Er war schon fast zu Hause angelangt und wollte eben über einen Feldweg nahe Schloß Plain zu seinem Hof gehen, als aus der Dunkelheit plötzlich zwei geheimnisvolle Wesen in Frauensgestalt auf ihn zutraten. Sie trugen lange weiße Gewänder, und herrliche blonde Haare hingen ihnen offen über den Rücken.

Ohne ein Wort zu sprechen nahmen sie den Bauern in die Mitte. Wie er später erzählte, rückten sie immer näher an ihn heran, und drückten ihn zuletzt derart, daß er kaum Platz hatte zum Atmen und es mit der Angst zu tun bekam. Seltsamerweise konnte er nicht schreien, so sehr er sich auch bemühte. Wie in einem Alptraum schritt er seinem Anwesen zu.

Da waren seine ungebetenen Begleiterinnen mit einem Mal wieder verschwunden, so plötzlich, wie sie gekommen waren, und er gelangte ohne Schaden nach Hause.

Die versunkene Stadt Juvavia

Vor Urzeiten lag am Untersberg eine schöne Stadt mit dem Namen Juvavia. Ihre Bewohner hatten alles im Überfluß. Sie waren aber stolz und hoffärtig und führten einen sündigen Lebenswandel. Eines Tages hatte ihre Lasterhaftigkeit das Maß überschritten, und der Himmel verhängte ein furchtbares Strafgericht über sie.

In einer finsteren Nacht brach ein Unwetter los, wie es seit Erschaffung der Welt keines gegeben hatte. Unendliche Wassermassen brachen aus den Wolken hervor. Überall riß die Erde auf, und aus den Spalten quoll das Wasser sprudelnd und gurgelnd hervor. Weiher, Bäche und Flüsse traten über ihre Ufer, und in kürzester Zeit war die ganze Stadt überflutet. Alle Einwohner kamen ums Leben, und die Häuser versanken im Schlamm.

So entstand das große Moor am Untersberg.

Durch Jahrhunderte hindurch galt es — besonders bei Nacht — als ein unheimlicher Ort, an dem es nicht geheuer war. Unselige Geister sollen dort ihr Unwesen treiben. Wie es heißt, soll es in früheren Zeiten öfter vorgekommen sein, daß Menschen in diesem Gebiet spurlos verschwunden sind. Man munkelte, daß seltsam flackernde Irrlichter verspätete Wanderer genarrt hätten, sie in das unwegsame Moor gelockt und damit dem sicheren Tod ausgeliefert hätten.

Die eiserne Türe am Hallthurm

Wer die Straße von Reichenhall nach Berchtesgaden fährt, der kommt am Hallthurm vorüber. Von der verfallenen salzburgischen Feste, die im Jahre 1194 erbaut worden war, steht nur noch der Turm.

In seiner Nähe befindet sich — laut Sage — eine eiserne Pforte, durch die man in den Untersberg gelangen kann. Sie ist jedoch nur manchmal und jeweils nur für einige Augenblicke sichtbar.

Der Fuhrmann im Untersberg

Eine wundersame Begegnung mit der unirdischen Welt des Untersberges hatte vor fast dreihundert Jahren einmal ein Fuhrmann. Sein Erlebnis wurde wie folgt in der »Bergheimat« beschrieben:

Im Jahre 1694 fuhr ein Fuhrmann mit einem mit Wein beladenen Wagen aus Tirol nach Hallein, um dort seine Ladung zu verkaufen. Als er neben St. Leonhard bei der Almbrücke zu Niederalm (einem Dorf nächst dem Untersberg) fuhr, ging ein Bergmännlein aus dem Untersberg hervor und fragte den Fuhrmann, woher er komme und was er da führe. Auf die Antwort des Fuhrmannes sprach das Bergmännlein:

»Fahre mit mir, ich will dir gute Münze dafür geben, und zwar noch mehr, als du in Hallein dafür bekommen wirst.«

Der Fuhrmann aber wollte dies nicht tun, sondern erwiderte, daß er den Wein jenem Herrn zuführen müsse, der ihn bestellt habe. Da nun das Bergmännlein wahrnahm, daß der

Fuhrmann nicht mitfahren wollte, faßte es plötzlich die Pferde an den Mähnen und sagte:

»Fuhrmann! weil du nicht mitfahren willst, so sollst du nicht wissen, wo du bist; ich will dich so führen, daß du dich nicht mehr auskennen sollst.«

Der Fuhrmann war voller Ängsten und wußte sich nicht zu raten und zu helfen; doch besann er sich und hielt es für besser, einer zweifelhaften Sache nachzugehen, als alles zu verlieren. Er ging deswegen mit dem Männlein und dieses führte die Pferde fleißig beim Zaume gegen den Wunderberg zu. Als sie näher dem Berg kamen, schien es dem Fuhrmann, als führen sie auf einer ganz neu angelegten Straße, und als sie an dem Berge waren, überfiel ihn der Schlaf. Beim Erwachen sah er ein großes prächtiges Schloß, welches aus rotem und weißem Marmor sehr hoch erbaut und mit Fenstern aus Kristall versehen war, in dessen Mitte ein vortrefflich mit Kupfer gedeckter hoher Turm stand. Außerhalb des Schlosses war eine 30 Klafter hohe und 10 Klafter dicke Mauer und ringsherum ein zwanzig und etliche Klafter tiefer Graben. Das Schloß selbst stand auf einem behauenen und glatt abgeputzten Felsen. Bevor man zu dem Schlosse kommen konnte, mußte man über sieben Aufzugsbrücken und durch mehrere Tore und Schlußgitter. In dieses Schloß mußte nun der Fuhrmann hineinfahren.

Sobald ihn aber ein Diener, der eben von einem Fenster des Schlosses herabsah, erblickt hatte, sagte er es sogleich mehreren anderen im Schlosse, welche zu den Fenstern liefen und den Fuhrmann freudig winkend begrüßten. Es waren lauter Bergmännlein. Einige von ihnen kamen vor das Schloß heraus, an der Spitze der Kellermeister, der ein etwas stärkeres Männlein war, mit vielen Schlüsseln und großen Taschen versehen. Sein Bart reichte bis über seinen dicken Bauch hinab und auch seine Haare bis über die Mitte seines Leibes.

»Willkommen, mein lieber Fuhrmann!« sprach der Kellermeister, »sei nicht traurig und fürchte dich nicht, ich werde dir zu essen und zu trinken geben, was dir gefallen wird.«

Aber ungeachtet er dem Fuhrmann die besten Worte gab, so zitterte derselbe doch wie Espenlaub an allen Gliedern vor Angst und Bangigkeit. Nachdem sie in der Mitte des Hofes angekommen waren, erschienen eilends einige Bergmännlein, welche die Pferde ausspannten und sie in den Stall führten, um sie zu füttern; andere aber führten den Fuhrmann in den unteren Teil des Schlosses in ein lichtes Gemach, gaben ihm zu essen und zu trinken, soviel er nur genießen konnte, und zwar alles in feinen und sehr wohlgeputzten zinnernen Geschirren. Dem Fuhrmann aber war immer nicht gut zu Mute, weil er nicht wußte, was für einen Ausgang dieses wunderbare Ereignis für ihn und seinen Wein nehmen werde.

Als er genug gegessen und getrunken hatte, luden sie ihn ein, das Schloß zu besichtigen. Der Fuhrmann wäre zwar lieber an seinem Ort geblieben, um auf seine Pferde zu schauen; weil er sich aber nicht zu weigern getraute, so ging er mit ihnen. Er wurde über eine Stiege mit 35 messingenen Stufen in einen mit schönen Tapeten bedeckten Saal geführt, in welchem 20 Schuh hohe und 7 Schuhe breite, aber nicht verglaste Fenster waren; darauf in einen prachtvolleren zweiten, welcher mit kostbarem Marmor gepflastert war, dessen Seitenwände wie den Tafelboden klares Gold bedeckte und welcher Fenster von reinstem Kristall hatte. In der Mitte des Saales standen vier 18 Schuh hohe, aus Metall gegossene und fein ausgearbeitete Riesen, welche mit großen goldenen Ketten gefesselt waren. Oben in der Mitte des Tafelbodens befand sich ein zierlich geformtes Bergmännlein mit einer goldenen Krone, welches die Riesen gleichsam geschlossen hielt. Da nun der Fuhrmann diese vier Riesen eine Zeitlang betrachtet hatte, sagte das Bergmännlein zu ihm:

»Fuhrmann! Verstehst du nicht, was diese Riesen samt dem Bergmännlein mit der Krone für die künftigen Zeiten bedeuten wollen?«

Der Fuhrmann sagte: »Ich weiß es nicht«, und das Bergmännlein meldete davon kein Wort.

Ringsum im Saal hingen Kürasse, Harnische, Pickelhauben, Schwerter, unbekannte Geschosse usw., alles mit Gold reich verziert. In diesem Saal stand auch ein Tisch, bei welchem der Fuhrmann aber nicht unterscheiden konnte, ob sie von Holz, Stein oder einer anderen Materie wären, doch sah er, daß sie allenthalben mit Gold und Edelstein kostbar verziert waren. Aus diesem Saal führten sie den Fuhrmann in einen dritten, der nicht weniger prächtig und schön geziert war. Es standen in ihm überaus schöne Bettgestelle mit dem feinsten Golde geziert und oben auf den vier Ecken der Bettgestelle vier Kröpfe, bei welchen der Fuhrmann ebenfalls nicht erkennen konnte, von welcher Materie sie wären; an diesen Kröpfen hingen goldene Ketten.

Darauf wurde über eine Stiege hinunter in den wohlgebauten Keller gegangen, der mit Weinfässern so angefüllt war, daß man kein Ende ersehen konnte. Von diesem Keller mußte er mit ihnen in ein hohes Gewölbe, darinnen eine große Tafel stand. An diese setzte sich ein Bergmännlein, zog einen großen Beutel mit Geld heraus und gab dem Fuhrmann für den mitgebrachten und zugeführten Wein 180 Dutzend Dukaten, und zwar mit dem höflichsten Dank und mit den Worten:

»Hebe dein Geld auf und kaufe dir um dasselbe anderen Wein. Du wirst mit diesem Gelde deine Lebenszeit Handel treiben können und es wird dir alles glücklich gelingen!«

Hierauf spannten die Bergmännlein die Pferde wieder ein, machten mit einem rotblauen Steine das eine blinde Pferd sehend und gaben den Stein dem Fuhrmann, um andere blinde Pferde armer Bauern damit zu kurieren. Darauf kehrten alle ins Schloß zurück, aus welchem nur drei schwarzgekleidete Männlein, die grünsamtene Kaskets mit roten Federn auf dem Kopfe trugen, traten und zum Fuhrmann sagten:

»Du hast wohlgetan, daß du den Wein, den du mit dir geführt, hier zu verkaufen gegeben hast. Ermahne auch deinen Bruder, daß er verkaufe, womit ihn Gott zum Überflusse gesegnet hat.«

Sie begleiteten ihn dann eine ziemliche Strecke Weges und sagten ihm zuletzt: »Da man anfangen wird, weiße und rote Hütlein zu tragen, wird die Not allerorten ihren Anfang nehmen und der Segen Gottes sich wenden nach dem Leben der Menschen.«

Voll Erstaunen und Verwunderung über das Gesehene und Gehörte fuhr der Fuhrmann in Frieden weiter und sah sich plötzlich wieder an dem Orte, an welchem er zuerst mit dem Bergmännlein zusammengetroffen war, ohne daß er wußte, wie er aus dem Berg gekommen. Die 180 Dutzend Dukaten verminderten und vermehrten sich bei seinem glücklichen Weinhandel nicht mehr. Er ermahnte oft seine Freunde und Bekannten zur Mitteilung von ihrem Überflusse an Arme, führte einen nachdenkenden und gottesfürchtigen Lebenswandel, und entdeckte das Gesehene nach dem Befehl des Bergmännchens erst bei seinem herannahenden Tode.

Das Birkenzweiglein

Es ist schon sehr lange her, da gingen einige Bauern am Abend, nach getaner Arbeit auf dem Untersberg spazieren. Mit einem Mal vernahmen sie über sich fröhlichen Lärm. Es klang, als vergnüge sich eine lustige Gesellschaft beim Kegelspiel.

»Da würde ich auch gerne mitmachen«, meinte einer der Bauern.

»Gehen wir halt hin«, schlug ein anderer vor. »Die Leute haben sicher nichts dagegen, wenn wir mitspielen.«

Die Bauern beeilten sich, die Stelle zu erreichen, von der jener Lärm erscholl. Aber seltsam, als sie dort angekommen waren, war von einer Gesellschaft nichts mehr zu sehen oder zu hören, obwohl noch wenige Augenblicke zuvor lautes Lachen erklungen war. Still und unberührt lag die Natur in der Abenddämmerung.

»Das ist aber merkwürdig«, verwunderte sich einer der Bauern und sprach damit aus, was auch seine Begleiter empfanden. »Wir sind doch nicht verrückt! Eben wurde doch hier noch gekegelt!«

»Vielleicht hat uns der Berggeist genarrt!« meinte ein anderer nachdenklich. »Wir wollen ihn rufen! Sicherlich ist er guter Laune, weil ihm sein Streich gelungen ist. Möglicherweise schenkt er uns etwas.«

Er legte seine Hände wie einen Trichter vor den Mund und rief mit lauter Stimme:

»He, Berggeist, komm' heraus und schenke uns etwas!«

Da stand urplötzlich, als wäre es aus dem Boden gewachsen, ein kleines Männlein mit schneeweißen Haaren und schneeweißem Bart vor ihnen. Es war ganz in unscheinbare graue Gewänder gekleidet. In der Hand trug es einige Birkenzweige und reichte jedem der Bauern einen davon. Verblüfft nahmen diese das ungewöhnliche Geschenk entgegen, und nur einer von ihnen bedankte sich dafür. Daraufhin verschwand das Männlein wieder, ohne auch nur ein Wort zu sagen.

Jeder der Männer drehte das Reislein in seinen Händen und betrachtete es von allen Seiten, um etwas Besonderes daran zu entdecken. Aber es war nichts Außergewöhnliches zu sehen.

»Na so etwas«, meinte einer enttäuscht, »einen Zweig wie diesen kann ich mir ja selbst von jeder Birke brechen. Auf so ein Geschenk kann ich verzichten!«

Und wütend warf er das Reislein weg. Die anderen folgten seinem Beispiel, und einer sprach:

»Ich hatte gehofft, er würde mir etwas von seinen Schätzen schenken. Solch einen Zweig kann ich nicht brauchen, davon habe ich selbst genug!«

Nur der Bauer, der sich bedankt hatte, behielt das Reis.

»Das Männlein hat es gut gemeint«, dachte er, »es kränkt sich vielleicht, wenn ich sein Geschenk mißachte.«

Er nahm es mit nach Hause und legte es dort hinter den Ofen zum Verbrennen. Seine Kinder aber holten es hervor, brauchen sich jedes ein Stückchen davon ab und spielten damit. Als sie genug hatten, ließen sie die Reislein einfach liegen.

Am nächsten Morgen, als der Bauer in der Frühe die Stube betrat, sah er, daß es auf dem Boden glänzte und blinkte. Er bückte sich und entdeckte zu seiner größten Freude, daß die Stücke des Birkenzweigleins, das er von dem Berggeist erhalten hatte, zu reinem Gold geworden waren.

Sogleich lief er zu seinen Nachbarn und erzählte ihnen, was geschehen war. Nun freilich bereuten diese, ihr Geschenk geringgeschätzt und weggeworfen zu haben. So schnell sie konnten, eilten sie zu der Stelle am Untersberg zurück, um die Zweiglein aufzuheben.

Aber so sehr sie auch suchten, buchstäblich jeden Grashalm umdrehten, sie fanden keine Spur mehr davon. Enttäuscht mußten sie wieder abziehen, und einer meinte verdrießlich:

»Das soll mir eine Lehre sein. Das nächste Mal werde ich klüger sein und das Geschenk annehmen, auch wenn mir der Berggeist einen Haufen Steine gibt!«

Michael Holzegger im Untersberg

Vor etwa 250 Jahren hatte der Jäger Michael Holzegger ein — wie er selbst behauptete — mehr als eigenartiges Erlebnis.

In der »Bergheimat« wurde es in den zwanziger Jahren unseres Jahrhunderts so berichtet:

»Im Jahre 1738 befahl der Jäger, der damals auf dem Untersberg seinen Forstbezirk hatte, seinem Knecht und Bruder Michael Holzegger zum Nachsehen auf den Berg zu gehen. Dieser blieb aber vier Wochen aus, so daß alle der festen Meinung waren, er habe sich verstiegen und keinen Rückweg gefunden, oder er sei wohl gar irgendwo vom Berge abgefallen.

Da beschloß der Jäger, für ihn in der Wallfahrtskirche auf der Gmain einen Gottesdienst halten zu lassen; aber, o Wunder! — währenddessen kam der Jägerknecht selbst leibhaftig in die Kirche, um Gott für seine Rettung zu danken. Er kniete sich vor das Speisegitter, und als es Zeit zum Opfer war, stand er zuerst auf und ging voran. Nun erkannten ihn erst seine Verwandten und Befreundeten und verwunderten sich gar sehr, daß der mit dem Opfer ging, für dessen arme Seele man den Trauergottesdienst hatte halten lassen. Alles drängte sich zu ihm, um zu hören, wie es ihm ergangen und was sich mit ihm auf dem Berge begeben hätte.

Allein der Jägerknecht war ganz verschlossen und tiefsinnig und es war aus ihm nichts herauszubringen als daß er im Untersberg gewesen sei und die Leute auf das verwies, was Lazarus Gitschner ohnehin von diesem Berge beschrieben habe.

Als der damals regierende Erzbischof Firmian von diesem wunderbaren Ereignis benachrichtigt wurde, ließ er den Jägersknecht zu sich rufen, um das Wahre von dem Wunderberge zu erfahren. Allein der Jägerknecht gab dem Bischof zur Antwort, er dürfe nicht reden, außer wenn er ihm die gnädigste Erlaubnis erteile, ihm selbst beichten zu dürfen. Dieses Ansuchen wurde ihm ohne Bedenken bewilligt.

Nach abgelegter Beichte wurde auch der Bischof sehr nachdenkend und tiefsinnig. Man sah an ihm fortan viel Traurigkeit, Bestürzung und Liebe zur Einsamkeit, wie er denn in seiner letzten Zeit sich auf seinen Landsitz Schloß Leopoldskron begeben hat und dort gestorben ist.

Michael Holzegger begab sich bald darauf nach Wien, wo er sich verehelichte und mehrere Kinder hinterließ. Seine Geschichte ist von seinen Verwandten in Grödig vor geistlicher und weltlicher Obrigkeit eidlich bekräftigt worden.«

Kaiser Rotbart und die Musikanten

Es war im Jahre 1661, da zogen vier junge Musikanten von Tirol nach Oberösterreich. Mit Hilfe ihrer Kunst schlugen sie sich gerade so recht und schlecht durch, doch waren sie immer fröhliche Gesellen, auch wenn manchmal der Schmalhans bei ihnen Küchenmeister war. Auf ihrer Wanderschaft gelangten sie auch zum Untersberg. Sie hatten schon viele Geschichten von diesem Wunderberg gehört und waren neugierig darauf, zu erkunden, ob etwas Wahres an den wundersamen Erzählungen sei.

»He, laßt uns doch dem Kaiser Rotbart zum Tanz aufspielen«, schlug einer der Burschen übermütig vor. »Wer weiß, vielleicht machen wir unser Glück und er schenkt uns etwas von seinen Schätzen!«

»Lieber nicht«, meinte der Jüngste des Quartettes, der Robert hieß, nachdem die anderen begeistert zugestimmt hatten, »die Sache kann leicht auch schlecht für uns ausgehen.«

»Sei kein Hasenfuß und komm' mit«, überredeten ihn seine Freunde, »es passiert uns schon nichts!«

Wie verabredet stiegen die vier Kameraden miteinander auf den Berg, obwohl es schon dunkelte. Als es vom Tal herauf die zwölfte Stunde schlug, waren sie fast oben angelangt. Sie nahmen ihre Instrumente heraus und spielten eine lustige Weise. Sie hatten ihr Liedchen aber noch nicht beendet, als mit einem Mal im Mondlicht ein wunderschönes Mädchen vor ihnen stand. Keiner der Burschen konnte sagen, woher es gekommen war. Es trug seltsame, altertümliche Kleider, die reich verziert waren:

»Ich bin die Tochter des Kaisers Friedrich Barbarossa«, erklärte es, »mein Vater wünscht, daß ihr vor ihm spielt! Folgt mir!«

Ohne auf eine Antwort zu warten, wandte es sich um und schritt durch eine Türe, die sich plötzlich im Berg aufgetan hatte, in das Innere desselben hinein. Zögernd folgten ihr die vier Musikanten. Sie kamen durch lange, niedrige Gänge in eine hohe, lichte Halle von solcher Pracht, daß ihnen vor Erstaunen der Atem stockte. Auf einem goldenen Thron in der Mitte saß der Kaiser, umgeben von seinem Heer und von seinem Hofstaat. Alle waren in kostbare Gewänder gekleidet. Mit einer hoheitsvollen Gebärde winkte der Kaiser die Burschen zu sich her, und seine Tochter sagte:

»Nun zeigt, was ihr könnt!«

Da musizierten sie, so schön sie nur konnten. Sie spielten fröhliche Lieder und lustige Tänze. Der vornehmen Gesellschaft gefiel dieses Konzert gar wohl. Die Prinzessin drehte sich im Kreise, die Höflinge wiegten die Köpfe und sogar der Kaiser bewegte verstohlen seinen linken Fuß im Takt dazu. Kurz, es machte allen einen Heidenspaß.

Als die Musikanten so lange gespielt hatten, daß ihnen die Finger weh taten und sie beim besten Willen nicht mehr konnten, gab der Kaiser endlich das Zeichen zum Aufhören. Da führte sie seine Tochter zu einer reich gedeckten Tafel, wo sie nach Herzenslust essen und trinken durften. Anschließend begleitete sie die vier Burschen wieder durch die geheimen Gänge zur Erdoberfläche zurück.

Diese glaubten, daß sie nun einen Lohn für ihre Mühe erhalten würden, doch das Mädchen schenkte jedem zum Abschied nur ein frisches, grünes Zweiglein von einem Baum, lächelte freundlich und trat durch die Türe in den Berg zurück. Noch ehe die Musikanten sie aufhalten konnten, war sie verschwunden, und auch die Türe, die eben noch dagewesen war, war nicht mehr zu sehen.

»Pech gehabt«, stellte einer von ihnen erbost fest, und blickte verachtungsvoll auf das Zweiglein. »Das ist mir ein schöner Lohn!«

Sprach's und warf das seltsame Geschenk wütend in den nächsten Busch. Die anderen folgten seinem Beispiel, nur Robert, der Jüngste, steckte es in seinen Wandersack und meinte:

»Ich will es mir zum Andenken an unser Abenteuer aufheben.«

Sie stiegen wieder vom Berg herab und gingen nach Niederalm zu der Herberge, wo sie übernachten wollten. Die drei Älteren konnten sich gar nicht beruhigen und schimpften in einem fort über den geizigen Kaiser, der ihnen den gerechten Lohn vorenthalten habe. Nur Robert sagte nichts. In der Herberge angekommen, legten sich alle vier sogleich zur Ruhe, denn sie waren müde von dem nächtlichen Marsch.

Am nächsten Morgen, als sie ihre Sachen packten und weiterziehen wollten, schien es Robert, als sei sein Sack plötzlich viel schwerer als gestern. Er glaubte, seine Freunde hätten ihm einen Streich spielen wollen und einen Stein darin versteckt. Er öffnete ihn und schaute nach. Da bemerkte er zu seiner größten Freude, daß der grüne Zweig, den er hineingesteckt hatte, sich über Nacht in gediegenes Gold verwandelt hatte.

Nun bereuten die anderen, ihre Zweige so achtlos weggeworfen zu haben, doch sie wagten es nicht, auf den Untersberg zurückzukehren und sie zu suchen, weil sie fürchteten, der Kaiser könne ihnen ihre respektlosen Reden übelgenommen haben und sie bestrafen. Der Zweig von Robert aber war so wertvoll, daß er seiner Lebtag daran genug hatte. Er konnte sich ein schönes Bauerngut kaufen und heiraten.

Die verschwundene Hochzeitsgesellschaft

Eine besonders merkwürdige Geschichte soll sich vor vielen hundert Jahren einmal am Untersberg zugetragen haben. Eine Hochzeitsgesellschaft war damals von St.Leonhard nach Grödig unterwegs. Vernaleken schrieb 1858 über den Vorfall:

»Einst zog ein reiches Bauernpaar samt seinem Gefolge aus einem Dorf in ein anderes naheliegendes, um dort bei den Eltern der Braut das Hochzeitsfest zu feiern. Lustig und fröhlich, unter Begleitung einiger Musiker, zogen sie die Straße entlang und kamen zum Untersberg. Nachdem sie hier angelangt waren, fing einer aus der Gesellschaft an zu erzählen, daß in der Gegend ein Kaiser mit einem bedeutenden Heere verschwunden sei und daß seit jener Zeit hier Geister erscheinen, welche die in dieser Gegend Wandernden beschenken.

Sogleich fing der Bräutigam an, den Geist zu rufen und zu bitten, er möge sie mit etwas beschenken. Auf einmal öffnete sich der Berg und ein grau gekleideter, kleiner Mann mit silberweißen Haaren erschien, der ihnen eine Türe in das Innere zeigte. Die ganze Gesellschaft folgte ihm nach, und sie kamen in eine Reihe schöner Zimmer, in deren einem eine Tafel gedeckt war und Speisen und Getränke aufgetragen standen. Die ermüdeten Brautleute und ihr Gefolge setzten sich zu Tische und ließen es sich schmecken. Nach dem Mahle bedurften aber alle des Schlafes, weil sie etwas viel getrunken hatten. Beim Tische sitzend entschlummerten alle ruhig. Als sie erwachten, führte sie der Berggeist hinaus.

Bei Tage kamen sie an die Erdoberfläche, allein sonderbar, alles hatte sich ihnen während dieser Zeit ganz verändert. Die in dieser Gegend Wohnenden verstanden ihre Sprache nicht, überhaupt schien es ihnen, als seien sie in einem ganz fremden Lande. Nach mehreren Tagen kamen sie in ein Dorf. Sie fragten, wie es heiße, und erhielten den Namen ihres Heimatortes zur Antwort. Aber auch hier schienen sie nicht zu Hause zu sein. Sie suchten ihre Wohnhäuser und fanden sie nicht; denn an deren Stelle standen ganz andere, neugebaute Häuser.

Sie begaben sich zum Pfarrer und erzählten ihm alles, was geschehen war. Dieser schlug seine Bücher auf und fand wirklich, daß vor 100 Jahren ein junges Brautpaar nebst einigen Menschen im Untersberg verschwunden sei.«

Der Heereszug der Untersberger

Der Sage nach galt es als schlechtes Vorzeichen, einen Heereszug der Untersberger Männlein — wie er von Zeit zu Zeit stattfinden soll — zu sehen. Es sollte dies jeweils die Ankündigung eines Krieges sein. In einem alten Büchlein aus dem Jahre 1818 »Sagen der Vorzeit« steht darüber zu lesen:

»Vor nicht gar vielen Jahren trafen einmal zufällig sieben Holzknechte und drei Reichenhaller in der Früh um 4 Uhr auf dem Untersberg zusammen, alle willens, nach Salzburg zu gehen. Als sie so miteinander fortwanderten, kam auf dem schmalen Fußwege ein Zug schwarzer Männlein daher, Paar und Paar, gegen vierhundert an der Zahl, sämtlich gleich gekleidet, zwei Trommelschläger und zwei Pfeifer voran. Die Männlein marschierten rüstig vorüber, ohne sich irgend um die Zuschauer zu bekümmern, zogen dann um eine Felsenecke und waren nicht mehr zu erfragen. Hat Krieg bedeutet.«

Sogar bis zu den Ufern des Hallstätter Sees sollen die Untersberger bisweilen marschieren. Bürger des Ortes wollen sie in stürmischen Nächten unter dumpfem Trommelwirbel vorüberziehen gesehen haben.

Krapfen für die Bergmännlein

Eine andere seltsame Geschichte von einem Heereszug der Untersberger wird uns ebenfalls in dem Büchlein »Sagen der Vorzeit« von 1818 überliefert:

»Als einst eine Frau in einem Dorfe bei dem Untersberg von der hölzernen Altane herabsah, standen vor dem Hause drei kleine Männlein, welche sie aufforderten, die Türe zu öffnen. Sie verlangten Speise, und die Frau gab ihnen zwei übriggebliebene Krapfen. Die Männchen fragten nach der Zeche; als die Frau dafür nichts nehmen wollte, sagten sie:

»Du darfst uns nichts schenken!« und legten drei alte Münzen unter das Salzfaß. »Willst du wissen«, sagten die kleinen Männchen, »wer wir sind?«

Hierauf erwiderte die Frau: »Wohl möchte ich das wissen, wenn es mir nicht schadet.«

»Wir sind«, sagten sie, »vom Untersberg und ziehen nach Spanien, uns folgt ein großes Heer; schließe den Laden, wenn die Schwarzen kommen; kommen aber die Weißen, so darfst du ihn öffnen.«

Hierauf verließen die drei schwarzen Männlein das Haus, und nun kam ein Zug von kleinen Kriegern, welcher eine volle Stunde währte. Der Zug war in Scharen abgeteilt, an der Spitze jeder Schar ein Führer; vier kleine Reiter waren immer nebeneinander, auf weißen und schwarzen Pferdchen, je nach den weißen oder schwarzen Scharen. Alle hatten Lanzen und Schwerter. Den Schluß machte ein großer schwarzer Hund.«

Das Geisterheer an der Grenze

Ein merkwürdiges Erlebnis mit den Untersbergern will ein Grenzer gehabt haben, der einen Paß zwischen Berchtesgaden und Salzburg zu bewachen hatte. In der »Bergheimat« stand vor 50 Jahren darüber zu lesen:

»Unweit Salzburg ist der Paß »am hangenden Stein«. Zur Zeit der Franzosenkriege, wo Salzburg bald diesem, bald jenem Herrn gehörte, wurde der Beamte in tiefer Nacht aus dem Schlafe geweckt; ein Zwergmännlein, dergleichen er nie gesehen hatte, stand am Fenster und forderte ihn auf, die Gitter zu öffnen. Er blickte um sich und gewahrte eine unabsehbare Menge ähnlicher Gestalten, so daß er nicht wagte, den gewohnten Dienst zu verweigern.

Und nun begann der Durchmarsch der Untersbergmännchen. Voran zogen Jünglinge, wohl in Reihen von zehn Mann; ihnen folgten Männer, alle nach alter Art gekleidet und bewaffnet. Dann folgten Greise, die ihrer Kleidung nach Richter oder Räte zu sein schienen, worauf der Zug schloß, wie er begonnen. Wohl zwei Stunden mochte der schweigsame Marsch gedauert haben. Der letzte Mann befahl, die Gitter wieder zu schließen. Am frühen Morgen erkundigte sich der Beamte bei den Bauern von St. Leonhard. Mehrere hatten den Marsch deutlich vernommen. Sofort machte der Beamte der Behörde die Anzeige. Vor selbe berufen, blieb er bei seiner Aussage und erklärte, kein Wort zurücknehmen zu können, obwohl er mit körperlicher Züchtigung bedroht wurde.«

Die Untersberger überschreiten die Grenze

Ein ähnlicher Vorfall soll sich auch am Paß Luegg zugetragen haben. Die »Bergheimat« berichtet:

»Im Jahre 1807 wurde der Pförtner des Engpasses Luegg in der Nacht durch einen gewaltigen Lärm geweckt. Als er zum Fenster hinaussah, erblickte er eine unzählige Schar von Untersbergmännlein gegen den Paß anrücken, welche stürmisch Durchlaß begehrten. Auf die pflichtgemäße Weigerung des Pförtners hätten sie tobend die Pforte gesprengt und seien durchgezogen. Der Pförtner wendete sich wegen dieses Vorganges an einen benachbarten Pfarrherrn mit der Bitte um Rat, ob er darüber an seine Vorgesetzten berichten oder ihn verschweigen solle. Man vermutet, es möchte ihm zu letzterem geraten worden sein.«

Der Blick in die Zukunft

Die Untersberger Zwerge wissen genau, was sich in fernen Tagen zutragen wird. Manchmal lüften sie ein wenig den Schleier, der uns Sterblichen das Zukünftige verbirgt, und lassen einen Auserwählten einen Blick hineintun:

»Zu einem Bauernknecht am Untersberg kam im Jahre 1847, zu welcher Zeit auch der dürre Baum auf dem Walser Felde wieder zu grünen begann, ein Bergmännlein. Es forderte ihn auf, ihm zu folgen. Der Knecht kam nur mit Furcht diesem Verlangen nach.

Das Manndl führte ihn auf einen Felsen, von dem aus er das ganze Tal mit Soldaten überfüllt sah. Sie stiegen an eine höhere Stelle und von dieser aus sah der Knecht das Tal voll Blut. Der Untersberger wies ihn zur höchsten Spitze. Was er von hier erschaut, trieb dem Knecht die Haare zu Berge. Er vertraute es keinem Menschen an und blieb von Stund an traurig und niedergeschlagen.« schreibt Toni Eichelmann aus einem alten Büchlein. Auch einem Zimmermann soll einst etwas Ähnliches zugestoßen sein, wie uns in der »Bergheimat« überliefert wird:

»Ein Zimmermann von Hallein traf auf der Niederalmerbrücke um Mitternacht die Untersberger, denen er sich anschloß. Am Berge angekommen, öffnete sich das Tor, und sie gingen hinein. Den Zimmermann führten zwei Mönche in eine Höhle, zeigten ihm ein Buch, in welchem Alles aufgezeichnet ist. Vor mehreren tausend Jahren wurde die erste Zeile geschrieben. Auch findet sich in diesem Buche das Zukünftige verzeichnet. Ein heißer Krieg wird ausbrechen, so schnell, daß der Bauer vom Acker und die Bäuerin vom Herde weg in das Gefecht rennt. Wer während dieses Krieges auf die Flucht geht, braucht nur einen einzigen Laib Brot mitzunehmen. Nach all dem Gesehenen erblickte er wieder die Pforte und kehrte heim.«

Der verschollene Schuster

Es war im Jahre 1860, da hatten einige Bauern aus der Umgebung von Gern ein merkwürdiges Erlebnis. Sie hatten eines Abends lange im Gerner Wirtshaus gesessen und machten sich erst gegen Mitternacht auf den Heimweg. Als sie sich mitten im Dorfe befanden, flüsterte einer von ihnen ganz aufgeregt:

»Pst, pst, seid's ruhig! Da schaut's hin!«

Die anderen folgten mit den Blicken seiner ausgestreckten Hand und sahen nun auch einen seltsamen Zug, der sich durch den Ort bewegte.

Hunderte von den Untersberger Mönchen wandelten gemessenen Schrittes in langen Reihen dahin und murmelten Gebete. Die erstaunten Bauern bemerkten in der geisterhaften Prozession aber auch viele Verstorbene aus den umliegenden Dörfern, die ihnen zu Lebzeiten gut bekannt gewesen waren. So entdeckten sie unter den Vorüberziehenden den Schuster von Tanzbühel, der ehemals bei Bischofswiesen gewohnt hatte. Er war vor Jahren einmal auf den Untersberg gestiegen und nicht mehr heimgekommen.

»Da schau her, da ist er jetzt bei den Bergmanndln« verwunderten sich die Bauern und konnten sich kaum fassen vor Erstaunen. Am nächsten Tag verbreitete sich die Nachricht von der seltsamen Begegnung wie ein Lauffeuer im ganzen Land.

Goldkohlen auf dem Untersberg

Eine arme Frau, die davon lebte, daß sie in den Bergen Kräuter holte und sie dann in Salzburg verkaufte, ging einmal auf den Untersberg. Stundenlang suchte sie den Boden fleißig nach bestimmten Pflanzen ab, die für Medizinen gebraucht wurden. Da erblickte sie mit einem Mal am Fuße einer steilen Felswand einige eigenartig geformte schwarze Brocken, die wie Kohlen aussahen.

»Ein wenig Wärme werden sie schon geben, auch wenn's keine richtigen Kohlen sind«, dachte die arme Frau und nahm soviele davon mit, wie sie tragen konnte.

Wer aber beschreibt ihr Erstaunen und ihre Freude, als sie — zuhause angekommen — die vermeintlichen Kohlen aus ihrer Tasche holte und genauer betrachtete. Sie enthielten große Körner reinsten Goldes!

Die Kräuterfrau machte sich sogleich wieder auf den Weg, um die restlichen Brocken auch noch zu holen. Aber trotz allen Suchens, konnte sie die Stelle, wo sie gelegen hatten, nicht mehr finden. So mußte sie sich mit denen begnügen, die sie das erste Mal mitgenommen hatte. Von dem Gold, das daraus gewonnen werden konnte, bekam sie so viel Geld, daß sie für ihr Leben lang genug hatte.

Der weggeworfene Schatz

Zwei Holzknechte, die auf dem Untersberg arbeiteten, hatten einst ein ähnliches Erlebnis wie die Kräutersucherin. Sie befanden sich gerade auf dem Heimweg, als sie in der Nähe eines Hügels Kohlen liegen sahen. Da nahm sich der eine drei, der andere fünf davon mit. Nach einer Weile wurde es demjenigen, der fünf genommen hatte, zu beschwerlich, die Klumpen in seiner Tasche zu tragen.

»Sie sind ja doch zu nichts nütze«, meinte er verdrießlich und warf sie in einen kleinen Weiher, an dem sie gerade vorüberkamen. Der andere aber brachte seine Kohlen mit heim. Dort stellte sich zu seiner großen Freude heraus, daß sich unter der schwarzen Schicht der Brocken reinstes Gold befand.

Nun freilich lief derjenige, der seine Kohlen so leichtsinnig weggeworfen hatte, rasch wieder zu dem Hügel zurück, wo sie den Schatz gefunden hatten. Aber es war umsonst. Als er an der Stelle angelangt war, entdeckte er dort keine Kohlen mehr, sondern statt derer ein Nest voll von giftigen Nattern, die ihm drohend entgegenzüngelten.

Die verschwundenen Goldzacken

Vor mehr als hundertfünfzig Jahren ging einmal der Scheuerbauer zu Jager — namens Sebastian Fletscher — am Untersberg vorbei.

»Hoi, was ist denn das?« rief er plötzlich höchst erstaunt. »Hat man so etwas schon gesehen?«

Von einem hohen Felsen des Wunderberges hingen lange Zacken, die wie Eiszapfen aussahen, aber von reinstem Golde waren.

»Wenn nur einer davon mein wäre«, dachte der Bauer, »so hätte ich für mein Leben ausgesorgt. Ich bräuchte mich nie mehr mit der schweren Arbeit abzuschinden, sondern könnte ein Leben führen wie ein feiner Herr.«

Voller Freude stieg er bis zu der Stelle hoch, wo die Schätze hingen. Aber so sehr er sich auch bemühte, es gelang ihm nicht, auch nur einen einzigen Zacken abzubrechen. »Na wartet, ich krieg' euch schon, wenn ihr euch auch noch so spreizt!« schrie er schließlich voller Zorn.

Er trug einen kleinen Steinhaufen zusammen, um die Fundstelle zu kennzeichnen und sie später leicht wiederfinden zu können. Dann lief er rasch nach Hause. Weil er den Schatz nicht teilen wollte, verriet er keinem Menschen etwas von seinem Vorhaben. Heimlich holte er sich seine schärfste Axt.

»Mit der müßte es gehen«, stellte er zufrieden fest, nachdem er die Klinge an ein paar Holzstücken ausprobiert hatte. Er kehrte zum Untersberg zurück und fand die Stelle, die er sich markiert hatte, ohne Schwierigkeiten wieder. Was er aber nicht fand, das waren die Goldzacken.

Obwohl er voller Verzweiflung stundenlang die ganze Gegend danach absuchte, blieben sie verschwunden, so, als wären sie nie dagewesen. Bei Einbruch der Dunkelheit gab er endlich sein vergebliches Unterfangen auf und kehrte schimpfend nach Hause zurück.

Der Wurzelgräber

Ein anderes Erlebnis mit den Untersbergern, das ebenfalls von einer vergeblichen Schatzsuche handelt, berichtete uns Eduard von Schenk in einem Gedicht, das er im Jahre 1842 verfaßte:

Ein Söldner ging zur Felsenwand,
Umgrünt von hohen Buchen,
Den Spaten trug er in der Hand,
Um Wurzeln dort zu suchen.

Nach manchem Stoß und manchem Schlag
Macht sich ein Trümmer los;
Es stürzt hinab und offen lag
Vor ihm des Berges Schoß.

Voll langer Neugier legt' er sich
Nun vor die Grube nieder;
In ihrer Tiefe regt es sich,
Tief paukelnd hin und wieder.

Und unten rauschte mancher Quell
So laut, als wogt' ein Meer,
Und in dem Dunkel flimmert's hell,
Als tanzt' ein Sternenheer.

Viel Männer schwebten her und hin
Die Gold und Silber klopften,
Indes die Wände von Rubin
Und von Demanten tropften,

Und auf dem Haupte jedes Manns,
Sah er ein Flämmchen stehn,
Daß vor der Pracht und all dem Glanz
Die Sinne fast vergehn.

Als er das Gold so schimmern sah,
Wie Laub Smaragden hangen,
Den reichen Schätzen war so nah,
Da faßt ihn ein Verlangen.

Er griff hinab, doch schnell verschwand
Die Pracht, die Geisterschar;
Die Wurzeln hatt' er in der Hand,
Arm blieb er wie er war.

Die Schatztruhe im Berg

Zwei Hirtenknaben gingen einst auf den Untersberg und wollten dort Vögel fangen. Da kamen sie an einen Felsen, bei dem eine eiserne Türe offenstand.

»Komm, gehen wir hinein und schauen was drinnen ist!« schlug der eine vor. Der andere wollte nicht recht, weil er sich fürchtete, aber er folgte dann doch seinem Kameraden nach, der schon hineingeschlüpft war. Die beiden gelangten in eine düstere Höhle, in der sich zwei riesige Truhen aus Eisen befanden. Eine davon war offen, und sie sahen, daß sie bis oben hin mit Gold gefüllt war.

»Die haben sicher die Bergmännlein für uns hingestellt, weil wir so arm sind«, vermutete einer der Knaben.

»Glaubst du wirklich?« meinte zweifelnd sein Freund.

»Sicherlich, sonst hätten wir den Schatz ja nicht gefunden!« erklärte der erste voller Überzeugung.

Da steckten die beiden Kinder soviel Gold in ihre Brotsäckchen, wie darin Platz hatte. Während sie sich noch an den Schätzen erfreuten, überkam sie mit einem Mal ein ganz unheimliches Gefühl wie von einer nahenden Gefahr. Sie konnten es sich nicht erklären, denn es war nichts Schreckliches zu sehen. Aber sie wollten plötzlich nicht mehr länger bleiben. Hastig nahmen sie ihre Säckchen und flohen Hals über Kopf hinaus ins Freie.

Und es war keine Sekunde zu früh gewesen. Im gleichen Augenblick schlug die eiserne Türe wie von Geisterhand bewegt mit lautem Krachen zu, so rasch und heftig, daß dem Knaben, der als letzter hindurchgelaufen war, noch der Absatz vom Schuh abgeschlagen wurde.

»Uff, da haben wir aber Glück gehabt«, stellte er erleichtert fest, nachdem er sich ein wenig von dem ausgestandenen Schrecken erholt hatte.

»Das kann man wohl sagen«, bestätigte sein Kamerad. »Womöglich hätten wir für immer im Untersberg bleiben müssen!«

Sie gingen nach Hause, erzählten ihren Eltern, was ihnen zugestoßen war und gaben ihnen die gefundenen Schätze. Da herrschte große Freude daheim und die Not der beiden armen Familien war ein für allemal zu Ende.

Der Hirte am Goldbrünnlein

An einem bestimmten Platz auf dem Untersberg — so heißt es in einem alten Bericht — befindet sich eine Wasserstelle, die von Steinen eingefaßt ist. Dort lag früher eine eiserne Schöpfkelle bereit, um dem vorbeikommenden Wanderer das Trinken zu erleichtern. Wer sie anschließend, nachdem er sich an dem kühlen Naß gelabt hatte, in den Brunnen zurückwarf, der konnte feine, goldglänzende Wasserperlen heraufquellen sehen. Von diesem »Goldbrünnlein« wie es genannt wurde, wird folgende Sage berichtet, die Alexander Schöppner im vorigen Jahrhundert so erzählte:

»Es ging einmal ein Hirtenknabe den Untersberg hinab, und weil es sehr schwül war, so streckte er sich ins weiche Gras an einer frischen Quelle nieder und schlief ein. Als er erwachte, griff er nach seinem Stab, den er in die Quelle gelegt hatte. Aber o Wunder! Anstatt des alten, mit Eisen beschlagenen Stocks blitzte ein nagelneuer Hirtenstab von purem Gold aus dem Wasser. Voll Freude nahm ihn der Knabe und eilte damit spornstreichs den Berg hinunter seinem Dorfe zu. Hier entstand ein großes Aufsehen über den kostbaren Fund, und alles Volk machte sich sofort, schwer mit altem Eisen beladen, auf den Weg nach dem Goldbrünnlein. Dort wollte jeder zuerst seine Bürde von Eisen ins Wasser werfen.

Bald war die Quelle angefüllt. Aber vergeblich warteten die guten Leute auf die Vergoldung; am Ende mußten sie ihr Eisen wieder aus dem Wasser ziehen und beschämt nach Hause wandern.«

Die Höhle mit dem Goldsand

Ein Müller aus Salzburg, er hieß Leonhard Burger, war einmal auf dem Untersberg unterwegs. Plötzlich hörte er ein eigenartiges Hämmern, wie er es noch nie vernommen hatte. Verwundert lauschte er eine Weile, dann ging er neugierig in die Richtung, aus welcher das Geräusch kam. Da sah er zu seinem höchsten Erstaunen eine wilde Frau und ein Bergmännlein in einer Felsnische stehen. Der Zwerg schlug mit einem Hämmerchen an den Stein, aus dem daraufhin feinster Goldsand herausrieselte. Die wilde Frau hielt eine Kanne darunter und fing damit das kostbare Metall auf.

Vor Überraschung gab der Mann einen Laut von sich und machte dadurch die beiden auf sich aufmerksam. Die wilde Frau winkte ihn freundlich herbei und hätte ihm sicher von dem Goldsand gegeben. Der Müller aber wagte es nicht, ihrer Aufforderung Folge zu leisten, und lief in seiner Angst schnell weg. Da kam ihm das Bergmännlein nach und schenkte ihm ein Stück von einem großen Edelstein. Voller Freude nahm Leonhard Burger es mit nach Hause. Es war aber so wertvoll, daß er seiner Lebtag ein reicher Mann war.

Die vergebliche Schatzsuche

Die Kunde von den wunderbaren Schätzen, die in und auf dem Untersberg zu finden seien, verbreitete sich in Windeseile im ganzen Berchtesgadner Land. Eine große Anzahl von Leuten kam herbei, um auf schnelle Art und ohne viel Mühe das Glück zu machen.

Im Jahre 1733 stand beim Hofwirt von St. Zeno ein armer Knecht namens Paul Mayr im Dienst. Bei Tage schuftete er sich redlich ab und verrichtete die schwere Bauernarbeit ohne zu klagen, am Abend aber lauschte er begierig und mit glänzenden Augen den Geschichten, die in den Stuben über den Wunderberg erzählt wurden. Er hörte von den in Gold verwandelten Kohlen, dem verzauberten Hirtenstab und vielen seltsamen Dingen mehr und meinte, daß er wohl klüger handeln würde, als die Menschen, die ihre Schätze oft so leichtfertig vertan hatten. Eines Tages beschloß er, selbst auf den Untersberg zu gehen und sein Glück zu suchen.

»Ich will genau acht geben. Alles Sonderbare, auch wenn es ganz unscheinbar ist, nehme ich mit nach Hause«, beschloß er, »vielleicht verwandelt es sich dort in Gold, wie es so oft geschieht.«

Stundenlang stieg er auf dem Berg umher, bis er nach langem Suchen unter einer steilen Steinwand ein Häufchen glänzenden Sandes fand. Es sah aus, als hätte irgendwer ein Säckchen voller Sand, das ihm zu schwer zum Tragen geworden war, einfach dort ausgeschüttet.

»Eigenartig«, wunderte sich der Bursche, »wo dieser Sand nur herkommt? Nirgends ringsum ist lockeres Gestein, wo er hätte herausbröseln können. Das ist sicher Zaubersand, der sich später in Gold verwandelt!«

Er füllte sich die Taschen so voll, daß sie ganz ausgebeult und schwer an seinen Kleidern hingen. Dann machte er sich freudig auf den Heimweg. Plötzlich trat ihm aus dem Gebüsch ein Mann von riesenhafter Gestalt in den Weg:

»Halt Bursche!« befahl er streng. »Was schleppst du da mit dir fort?«

»Ni-nichts«, stammelte Paul erschrocken, »nur ein wewenig S-Sand, der auf dem Bo-Boden lag.«

Er wollte sich rasch entfernen. Da packte ihn der Unbekannte mit eisernem Griff und hielt ihn zurück. Er zwang ihn, seine Taschen ganz auszuleeren und ließ auch nicht das kleinste Körnchen Sand darin. Dann drohte er mit so schrecklicher Stimme, daß der Bursche vor Furcht ganz starr wurde:

»Lasse dich nicht noch einmal hier erwischen oder es geht dir schlecht! Wenn du es wagst, wieder hierher zurückzukehren und dir neuen Sand zu holen, dann ist dein Leben keinen Pfifferling mehr wert! Lasse dir das gesagt sein!«

Nach dieser finsteren Warnung gab ihn der Unheimliche endlich frei. Paul lief so schnell er konnte nach Hause. Wie reute es ihn, daß er den Sand zurücklassen mußte! Das Verhalten des riesigen Mannes gab ihm die Gewißheit, daß es sich bei seinem Fund um Goldsand gehandelt hatte, denn warum sonst hätte er ihm die paar Hand voll Sand abgenommen? Obwohl er die Drohung des Fremden keineswegs in den Wind schlug, sondern sich im Gegenteil sehr fürchtete, beschloß er dennoch, sein Glück ein zweites Mal zu versuchen. Er vertraute sich einem Freunde an, der ein Gewehr besaß und gut schießen konnte.

»Geh' mit mir, den Goldsand zu holen«, bat er ihn, nachdem er ihm alles erzählt hatte. »Zu zweit brauchen wir den Mann nicht zu fürchten. Sollte er uns angreifen, dann kannst du schießen. Den Schatz werden wir uns redlich teilen!«

Sein Freund ließ sich nicht lange bitten und stieg mit ihm auf den Untersberg. Aber obwohl sie genau den gleichen Weg gingen, den Paul Mayr zuvor genommen hatte, konnten sie die Stelle, wo der Goldsand gelegen hatte nicht mehr finden. So sehr sich Paul auch anstrengte, es war, als sei er plötzlich mit Blindheit geschlagen.

Unverrichteter Dinge mußten sie wieder abziehen, ihren Traum vom schnellen Reichtum aufgeben und weiter so viel und so hart arbeiten, wie eh und je.

Der Goldsand im Berg

Mehr Glück als der Knecht Paul Mayr hatte ein Holzmeister. Sein Erlebnis wird in der »Bergheimat« folgendermaßen beschrieben:

»Ein andermal verspätete sich ein Holzmcister auf dem Berge und mußte sein Nachtlager in einer Höhle suchen. Anderen Tags kam er zu einer Steinklippe, aus welcher glänzend schwerer Goldsand herabrieselte. Weil er nun kein Geschirr bei sich hatte, ging der Holzmeister ein anderes Mal hinauf und setzte ein Krüglein unter. Und als er mit dem angefüllten Krüglein hinwegging, sah er unweit des Ortes eine Türe sich öffnen, durch die er schaut, und da kam es ihm ganz so vor, als sehe er in den Berg hinein und darinnen eine besondere Welt mit einem Tageslicht, wie wir es haben. Die Türe aber blieb kaum eine Minute lang offen; als sie zuschlug, hallte es mächtig in den Berg hinein. Sein Krüglein hat er sich allezeit angefüllt und nach Hause tragen können; nach seinem Tode aber ist in dem Golde kein Segen mehr gewesen, und obgleich seine Erben nichts davon verschwendeten oder zum Bösen gebrauchten, sind sie doch darum gekommen und gänzlich verarmt.«

Die goldene Kette

Vor einigen Jahrhunderten lebte in Salzburg ein Mann namens Hans Gruber. Er war seines Zeichens Gastwirt und übte zusätzlich das Amt eines Holzmeisters auf dem Untersberg aus. Eines Tages saß er dort an einem kleinen Brunnen und aß sein mitgebrachtes Brot. Zufällig blickte er auf die gegenüberliegende Felswand und sah zu seiner größten Verwunderung, wie sich diese lautlos öffnete, und ein Mönch heraustrat. Mit einer gebieterischen Handbewegung winkte er Hans zu sich heran und befahl:

»Komm' mit mir!«

Aber obwohl er diese Aufforderung noch zweimal wiederholte, wagte der Holzmeister nicht, ihr Folge zu leisten. Er hatte schon zu viele Geschichten von Leuten gehört, die auf Nimmerwiedersehen im Berg verschwunden waren.

»Hans, komm' mit mir!« sprach der Mönch abermals und nahm eine lange goldene Kette, die er am Arm hängen hatte, in seine Hand, »sieh' her, dann schenke ich dir dieses Kleinod!«

Der Holzmeister bekam ganz glänzende Augen, aber seine Furcht war größer als seine Besitzgier.

»Mir würde schon ein einziges Stückchen dieser wertvollen Kette reichen, doch Ihr werdet es mir nicht geben«, meinte er bedauernd, »denn ich gehe nicht mit Euch in den Berg hinein, auch wenn Ihr mir alle Reichtümer der Erde versprecht!«

Da riß der Mönch drei Glieder von der Kette ab und warf sie mit einer raschen Bewegung dem Holzmeister zu. Dieser fing sie geschickt in seiner Kappe auf, die er höflich in der Hand gehalten hatte, und bedankte sich.

»Du hast Glück, Hans Gruber, sehr viel Glück«, stellte der Mönch fest. »Du hast mir widerstanden, als ich dich in den Berg locken wollte, und nun ist es dir auch noch gelungen, die goldenen Kettenstücke aufzufangen. Hätte nur eines davon den Boden berührt, so hätte ich Macht über dich erlangt und dich gezwungen, mir in den Untersberg zu folgen. Niemals mehr wärest du freigekommen. Aber noch bist du nicht außer Gefahr. Wenn du den Schatz, den ich dir geschenkt habe, vor Ablauf von drei Tagen jemandem zeigst, so bist du verloren.«

Nach diesen Worten wandte sich der Mönch um und ging würdig und mit gemessenen Schritten in den Berg hinein. Lautlos, wie von Geisterhand bewegt, schloß sich die Felsentüre hinter ihm. Sie war einige Augenblicke später wieder verschwunden, so daß niemand erkennen konnte, wo sie gewesen war. Dennoch war es Hans Gruber gelungen, einen kurzen Blick in das geheimnisvolle Innere zu werfen. Es schien — so berichtete er später — als sei dort eine völlig andere Welt mit einem eigenen Himmel gewesen.

Der Holzmeister befolgte die Weisungen des Mönches ganz gewissenhaft. Erst am vierten Tag nach seinem wundersamen Erlebnis wagte er es, seinen Schatz zu zeigen. Es stellte sich heraus, daß die drei Kettenstücke 3 ¾ Pfund wogen und ungemein wertvoll waren.

Hans Gruber versuchte später zusammen mit seinen Holzknechten nochmals, die Felsentüre zu finden. Aber es war umsonst. Sie war und blieb verschwunden.

Eine seltsame Begegnung mit den Untersbergern

Der Bernerbauer am See war einmal zu sehr früher Stunde unterwegs. Die Uhr hatte gerade erst drei geschlagen, als er an dem Brunnen bei der Seebühelbrücke unterhalb des Wegkreuzes vorbeikam. Dort erblickte er drei kleine Männlein, die tranken.

»Das müssen Untersberger sein«, dachte der Mann, der schon viel von diesen geheimnisvollen Leuten gehört hatte. »Ich will einen fangen und mit nach Hause nehmen. Dort muß er mir verraten, wo ich in den Bergen Schätze finden kann.«

Vorsichtig schlich er sich heran und packte einen der Zwerge. Aber es war, als hätte er einfach in die Luft gegriffen. Mit einem Mal, der Bauer konnte nicht sagen, wie es vor sich gegangen war, waren alle drei Männchen verschwunden.

Da mußte der Bernerbauer mit leeren Händen wieder abziehen und auf die Schätze, die er in Gedanken schon vom Untersberg geholt hatte, verzichten.

Das Bergmännlein am Berchtesgadner Hochthron

Ähnlich erging es einer Sennerin — sie hieß Anna Braun — die auf der Zehn-Kaseralm wirtschaftete. Sie stieg einst auf den Berchtesgadner Hochthron und wollte zu dem Kreuz, das sich am höchsten Gipfel des Untersberges befindet. Sie hatte es schon fast erreicht, als sie plötzlich vor sich ein merkwürdiges kleines Männlein sah. Es war dunkel gekleidet und trug auf dem Kopf einen Hut mit einer riesigen Krempe, die das Gesicht völlig verdeckte.

»Das ist sicher ein Zwerg aus den Höhlen im Berg«, dachte das Mädchen. Es nahm seinen ganzen Mut zusammen, trat auf das Männlein zu und wollte es ansprechen. Da aber war dieses mit einem Male verschwunden, so, als hätte es der Wind einfach weggepustet.

Der Kampf mit den Untersbergern

Ein besonders unheimliches Erlebnis mit den Untersbergern hatten einst zwei Gendarmen, die gegen zehn Uhr abends von Glanegg nach Grödig unterwegs waren. Der Vorfall, der sich dabei zugetragen haben soll, wird in einem alten Bericht folgendermaßen geschildert:

»Ungefähr eine Viertelstunde vor Grödig begegnete ihnen ein Zug grauer Männlein mit großen Bärten, schweigsam und lautlos. Die Gendarmen, an nichts weniger als an die Untersberger denkend und einen Schelmenstreich von Bauernjungen mutend, riefen dem Zuge ein ‚Halt!' entgegen. Doch die Männlein kehrten sich nicht daran, sie zogen ihres Weges weiter. Da griffen die Gendarmen zu ihren Waffen und schossen in die Menge hinein. Trotzdem sie wähnten, den einen oder anderen getroffen zu haben, sahen sie doch keinen stürzen; wohl aber blieb jetzt der Zug stehen und der Anführer derselben hob dreimal drohend seine Rechte gegen die beiden Gendarmen. Darauf setzte sich der Zug wieder in Bewegung und war im nächsten Augenblick den Augen der entsetzten Gendarmen entschwunden.

In die Stadt zurückgekehrt, machten sie sofort bei ihrem Kommando die Meldung von diesem Vorfalle. Einundzwanzig Tage darauf, sie waren inzwischen von Salzburg jeder in einen anderen Ort versetzt worden, wurden beide tot in ihren Betten aufgefunden.«

Das Bergmännlein auf der Hochzeit

Einst wurde in dem Ort Glas nahe dem Untersberg ein lustiges Hochzeitsfest gefeiert. Braut und Bräutigam hatten sich in der Kirche schon das Ja-Wort gegeben, und nun tanzte die ganze Gesellschaft ausgelassen in einer Wirtschaft bis tief in die Nacht hinein. Plötzlich öffnete sich die Türe, und ein kleines graues Männlein trat in den Raum.

»Guten Abend«, sagte es höflich, »darf ich auch mittanzen?«

»Freilich«, lachte der Bräutigam, »ich bin heute glücklich, andere sollen es auch sein. Iß und trink und tanze, soviel du willst!«

Da verbeugte sich das Männlein vor der Braut und forderte sie zum Tanze auf. Lächelnd folgte sie ihm, und die ganze Hochzeitsgesellschaft schaute zu, wie sich das Männlein mit dem schönen Mädchen im Kreise drehte. Anschließend klatschten alle Beifall. Das Männlein fand solchen Gefallen an dem Fest, daß es auch noch mit den drei Brautjungfern tanzte.

»Nun muß ich aber gehen«, erklärte es daraufhin, »doch sollt ihr ein Andenken an mich haben.«

Es zog drei kleine Silbermünzen aus seinem Gewand und schenkte sie der Braut. Desgleichen tat es beim Bräutigam und wünschte dabei:

»Ihr sollt in Eintracht und Frieden miteinander leben. Wenn ihr diese Münzen in euren Geldkasten legt, dann wird er niemals leer sein. Doch sollt ihr mit eurem Reichtum nicht hochmütig und hartherzig werden, sondern ihn mit denen teilen, die nicht so viel besitzen, wie ihr«, setzte es mahnend hinzu.

Dann verabschiedete es sich und bat um einen Begleiter, der es über die Salzach bringen könnte. Ein Fährmann, namens Johann Staudl, der auch auf der Hochzeitsfeier war, erklärte sich dazu bereit. Als er das Männlein übergesetzt hatte, gab es ihm drei Pfennige für seine Arbeit. Enttäuscht nahm er den geringen Lohn und sagte ärgerlich:

»Das ist aber wenig für die Mühe, die ich gehabt habe!«

»Nimm' es nicht für ungut«, beschwichtigte ihn der Kleine. »Lege diese Münzen zu deinem eigenen Geld, dann wird es dir nimmermehr ausgehen.«

Danach schenkte es dem Fährmann noch ein unscheinbares weißes Steinchen.

»Das ist ein Zauberstein«, erklärte es dem Mann, der das merkwürdige Geschenk unschlüssig zwischen den Fingern drehte und nicht wußte, was er damit machen sollte.

»Hänge ihn dir um den Hals. Er beschützt dich. Solange du ihn trägst, wirst du nie im Wasser den Tod finden.«

Nun verabschiedete sich das Männlein, trippelte zielbewußt in Richtung Untersberg und verschwand dort.

Es kam, wie es das Zwerglein versprochen hatte. Sowohl das beschenkte Brautpaar, wie auch der Fährmann hatten ihr Leben lang immer genug Geld im Kasten. Der Fährmann baute sich am Königssee ein schönes Haus. Und auch der andere Spruch des Bergmännleins ging in Erfüllung. Zweimal erlitt der Fährmann Schiffbruch, einmal in der Salzach und einmal am Königssee, doch er kam immer mit dem Leben davon.

Die Untersberger in St. Bartholomä

Von den hochgewölbten Hallen tief im Innern des Untersberges führt ein geheimer unterirdischer Gang unter dem Königssee hindurch bis nach St. Bartholomä. In manchen Nächten wandeln die Untersberger Mönche schweigend auf diesem Weg in die kleine Kirche am Königssee. Um Mitternacht feiern sie dort eine Messe und kehren dann — ebenso schweigend, wie sie gekommen sind — in dem unterirdischen Gang zum Untersberg zurück, denn sie müssen rechtzeitig bei der Frühmesse im Berg anwesend sein.

Die Untersberger in St. Johann und Paul

Einst kam einer Hirtin, die im Watzmanngebiet ihre Schafe weiden ließ, eines ihrer Tiere abhanden. Nachdem sie die Herde in Sicherheit gebracht hatte, ging sie, das verlorene Schaf zu suchen. Es war spät und die Dunkelheit war schon hereingebrochen, als sie bei der Kapelle St. Johann und Paul, die eine kurze Wegstrecke hinter St. Bartholomä am Eisbach liegt, vom Berg herabstieg.

Plötzlich blieb sie wie angewurzelt stehen. Ein paar Schritte vor ihr teilte sich mit einem Mal das Buschwerk und aus einer verborgenen Felsspalte kam eine lange Reihe kleiner Männchen hervor. Sie hatten uralte, bärtige Gesichter und waren wie Mönche gekleidet. Schweigend schritten sie — eines hinter dem anderen her.

Die überraschte Hirtin verhielt sich ganz ruhig. Sie konnte beobachten, wie der seltsame Zug lautlos über die Brücke auf die Kapelle zuhielt. Da begann die Glocke wie von Geisterhand zu läuten und helles Licht flammte in der Kirche auf. Nacheinander verschwanden die Männchen darin. Es dauerte nicht lange, dann war der seltsame Spuk vorüber. Alles lag dunkel und ruhig da, wie zuvor, so daß das Mädchen schon glaubte, geträumt zu haben. Von den Männlein war keine Spur mehr zu sehen.

Als die Hirtin heimkam, erzählte sie, was sie erlebt hatte, obwohl es ihr selbst ganz unwirklich vorkam. Aber die anderen bestätigten ihr, daß sie sich nicht getäuscht habe.

»Ja, ja«, sagten sie, »das kann schon sein. Das waren die Untersberger. Die feiern manchmal in St. Johann und Paul ihre Messe.«

Die Geistermesse

Auch bei anderen Kirchen wollen die Leute schon Geistermessen erlebt haben. So steht in der »Bergheimat« zu lesen:

»Der alte Seebühler und ihrer zwei andere vom Thumsee gingen einstens zur Nachtzeit miteinander nach Berchtesgaden, Wildpret zu schießen.

Außerhalb Reichenhall kamen sie bei der Kirche von St. Peter und Paul, die jetzt niedergerissen ist, vorüber, gerade als es 12 Uhr schlug. Alsbald sahen sie die Kirchenfenster hell erleuchtet, und als sie hinaufgeklettert, die ganze Kirche voll schwarzer Leute, jeder mit einem Lichte und alle in tiefer Andacht.

Der geistliche Herr hielt das Hochamt ganz feierlich und die Orgel und die Musik spielten wunderschön dazu.«

Eine Geistermesse in Maria Kunterweg

In der Wallfahrtskirche Maria Kunterweg befindet sich hinter dem Hochaltar eine lockere Steinplatte. Dort endet — der Sage nach — ein unterirdischer Gang, der vom Unters-

berg hierherführt. Diesen Weg kommen in manchen Nächten die Untersberger Männlein gezogen und feiern in der Kirche eine Messe.

An einem Samstag um Mitternacht kam vor mehr als hundert Jahren einmal ein Ramsauer an der Kirche vorüber. Zu seinem Erstaunen fand er sie hell erleuchtet und hörte auch die Orgel spielen. Der Mann wunderte sich darüber, näherte sich der Kirche vorsichtig und schaute hinein. Da erblickte er die Untersberger Zwerge und konnte beobachten, wie sie ihren Gottesdienst hielten. Aber es dauerte nicht lange, da hatte ihn eines der Männchen entdeckt. Es kam heraus und forderte ihn mit strenger Stimme auf:

»Geh' sofort weg und belausche uns nicht länger. Sonst kann es dir geschehen, daß du überhaupt nicht mehr nach Hause kommst!«

Nach diesen drohenden Worten kehrte es in die Kirche zurück. Der Ramsauer aber bekam es mit der Angst zu tun. Er wagte es nicht, noch länger zu bleiben, sondern lief so rasch er konnte heim, wo er seinen Leuten erzählte, was er erlebt hatte.

Die Untersberger beim Kirchgang

Einst ging ein Kutscher, der in St. Zeno wohnte, erst um Mitternacht zu Bett. Er war gerade dabei, sich auszuziehen, als plötzlich die Türe seines Zimmers lautlos aufsprang, obwohl er sie fest verschlossen und verriegelt hatte. Erstaunt wollte er sie wieder zumachen, doch da kam ein langer Zug von kleinen dunklen Männchen herein, die paarweise nebeneinander gingen. Sie schritten schweigend durch das Zimmer, ohne auch nur im Geringsten auf den Kutscher zu achten. Als sie beim Fenster angelangt waren, sprang dieses — auf ebenso geheimnisvolle Weise wie zuvor die Türe — von selbst auf. Die sonderbare Prozession stieg hindurch und verschwand in Richtung der Kirche von St. Zeno.

Ähnliche Erlebnisse sollen auch einige Menschen in Salzburg gehabt haben. In alten Berichten steht zu lesen:

»Die Untersbergmännlein besuchen gar häufig des Nachts nahe gelegene Kirchen, um daselbst Messe zu halten und zu hören. So erblickte einstens in der Mitternachtsstunde die Schildwache an der Hauptwache in Salzburg einen langen Zug kleiner Männlein paarweise über den Residenzplatz in die Domkirche ziehen, welche hierauf plötzlich hell erleuchtet wurde und woraus Orgelklang, Musik und Chorgesang ertönte.

Verwundert und mit Angst erfüllt sieht die Schildwache diese gespenstische Erscheinung und wagt sich vor Entsetzen nicht aus dem Schilderhause, um die Wache zu rufen. Ungefähr eine halbe Stunde dauerte der Gottesdienst, nach dessen Beendigung die Männlein wieder paarweise, mit lautlosen Schritten, wie sie gekommen waren, den sich schnell verfinsternden Dom verlassen. Die Wachablösung findet den zum Tod erschrockenen Posten fast leblos und erfährt nur noch von ihm das Geschehene, worauf er gleich tot zu Boden stürzt.«

Weiter wird berichtet:

»Ein Fräulein in Salzburg, welches die Roratemesse in der Adventszeit nie versäumte, erwachte einst, wie es wähnte, früh um 5 Uhr, zog sich hastig an und eilte zum Dome. Verwundert, daß die Straßen ganz leer waren, sputete es sich um so mehr, als es die Töne der Riesenorgel vernahm. Als das Fräulein auf den Domplatz trat, sah es die hohen Fenster hell erleuchtet, fand aber die Türen geschlossen. Verwundert ging es hin und her, hörte den Schlußgesang des Hochamtes und darauf — 1 Uhr schlagen.«

Merkwürdige Geschichten über Holz- und Moosleute

Wie in vielen Gegenden Bayerns, so war es auch im Berchtesgadner Land üblich, daß die Holzknechte beim Fällen einer Föhre mit der Axt drei Kreuze auf den stehenbleibenden Baumstumpf einschnitten. So bezeichnete Stümpfe waren nach ihrer Überzeugung Freiplätze oder Asylstätten für die Holzweiblein, die Moosleute oder auch für die Seelen im Walde verunglückter und ermordeter Menschen, die noch immer am Ort ihres Todes umgehen mußten.

Wenn in rauhen Sturmnächten das wilde Heer durch die Wälder jagte und jene Unglücklichen verfolgte, so konnten sie sich auf diese gesegneten Plätze retten. Dort waren sie vor den bösen Höllengeistern in Sicherheit. Die Macht der Dämonen, die sonst jedes Waldmännchen und Holzweiblein, dessen sie habhaft werden konnten, unbarmherzig in Stücke rissen und der wilden Hundemeute, die sie begleitete, zum Fraße vorwarfen, war durch das heilige Zeichen des Kreuzes gebrochen.

Holzknechte, die solche Freistätten geschaffen hatten, wollen den Dank der kleinen Waldgeister auf vielerlei Weise erfahren haben. So behaupteten manche, die sich bei der Arbeit verspätet hatten, nur mit Hilfe jener freundlichen Wesen aus dem dunklen Forst gefunden zu haben. Manchmal fanden sie auch an den unwahrscheinlichsten Stellen herrliche Hirsch- oder Rehgeweihe, die sie für gutes Geld verkaufen konnten. Die sehr stark mit der Natur verbundenen Holzknechte waren felsenfest davon überzeugt, daß dies alles Gesten der Dankbarkeit von den Waldgeistern waren.

In der Vorstellung der Leute waren die Waldmännchen, ebenso wie die Holzweiblein, klein von Gestalt und den Zwergen sehr ähnlich. Während aber diese im Innern der Berge hausen, leben die Holz- und Moosleute in den Wäldern. Ihr Leben ist eng mit dem der Bäume verknüpft, auf denen sie wohnen. Wird der Baum gefällt oder entrindet, so muß das Waldgeistchen, das darauf haust, auch sterben.

Ein Bauer, der im Jahre 1635 am großen Moor beim Untersberg Holz schlug, soll von einem Moosweiblein inständig gebeten worden sein, doch die Stümpfe der gefällten Bäume mit drei Kreuzen zu versehen. Gutmütig tat er, was das seltsame Geschöpf von ihm verlangte.

»Nützt es nichts, so kann es auch nichts schaden«, dachte er dabei. Von Stund an aber lag ein geheimer Segen über seinem Hof. Alles, was er begann, glückte ihm. Er brachte es zu Wohlstand und erreichte in Gesundheit und Zufriedenheit ein hohes Alter.

Schlecht erging es dagegen einem Mann, der das Leben der kleinen Waldgeister geringachtete. Von ihm wird in der »Bergheimat« folgende Geschichte erzählt:

»Ein anderer, aber sehr roher ungeschlachter Bauer hörte einst auf dem Heimwege die wilde Jagd daherbrausen. Aus Vorwitz wollte auch er mitjagen helfen und begann zu schreien und zu schnalzen, wie es die Treiber auf der Klopfjagd zu tun pflegen. Da rief ihm der wilde Jäger zu:

‚Brav Kamerad! Sollst deinen Teil haben.‘

Am andern Morgen, als er in den Pferdestall gehen wollte, hing ein Viertteil eines Mooswcibchens an der Türe des Stalles.

Erschrocken hierüber ging der Bauer unverweilt zum Pfarrer und beichtete ihm reumütig seinen Mutwillen. Der Seelsorger verwies ihm denselben ernstlich, ermahnte ihn dringend zur Besserung seines Lebenswandels und riet dem Bauer, zu seiner geistigen und leiblichen Wohlfahrt, das Fleisch unberührt hängen zu lassen, auf daß ihn der wilde Jäger hernach nicht darum anfechte. Der Bauer gehorchte dem Rate, und das unheimliche Wildbret kam ebenso unbemerkt wieder fort, als es hingekommen war. Dessen ungeachtet konnte der Bauer seines Lebens nicht mehr recht froh werden, und er starb auch nach wenigen Jahren.«

Ein anderes Erlebnis mit den kleinen Waldgeistern hatte, so wird berichtet, die Bauerntochter Maria Klinger, als sie eines Abends auf die Vierkaseralm hinaufging:

»Als sie zum Scheibentrögl kam, auf der Hälfte des Weges, wo Wasser aus dem Felsen in einen ausgehauenen Trog fließt, sah sie dort ein kleines Weiblein sitzen, welches sie vom Fuß bis zum Kopf scharf betrachtete. Maria Klinger wollte das Weiblein anreden, aber es befiel sie eine große Furcht, und so ging sie eilends vorüber. Als sie sich später nach dem Weibchen umsah, war es nicht mehr zu erblicken.«

Die Holz- und Moosleute, so heißt es, besitzen die Fähigkeit, sich in Nachtvögel wie Eulen oder Käuzchen zu verwandeln. In deren Gestalt — so glaubten unsere Vorfahren und so glauben manche Abergläubische auch noch heute, warnen sie die Menschen durch ihre schaurigen Rufe vor drohendem Unheil oder mahnen sie an den Tod.

»Wenn das Käuzl schreit, muß bald einer sterben!« raunte dann die Großmutter ihren Enkeln geheimnisvoll ins Ohr und teilte ihre Furcht vor dem Unbegreiflichen, dem Übersinnlichen den Kindern mit. Dennoch waren die Holz- und Moosleute nach Ansicht der Leute gute Geister, die dem Menschen nicht übel wollten und ihn aus reinem Mitgefühl vor dem Tod warnten. Darum versuchte jeder, dem es möglich war, ihnen Freistätten zu schaffen und sie vor dem wilden Jäger zu retten.

Die Jäger und das Holzmännlein

Zur Zeit der Hahnbalz jagten einst zwei Männer auf dem Untersberg. Sie streiften den ganzen Tag umher, aber es gelang ihnen nicht ein Wild zu erlegen. Als es Abend wurde, beschlossen sie, ihr Glück am nächsten Morgen noch einmal zu versuchen. Sie gingen zu der Holzknechthütte am Steingraben, um dort zu übernachten. Sie suchten trockenes Moos und dürres Laub zusammen, um sich daraus ein Lager zu bereiten. Plötzlich rief der eine von ihnen erstaunt seinem Kameraden zu:

»He, schau' doch einmal her, was ist denn das für ein merkwürdiges Wesen?«

Vor der Hütte stand ein kleines Männlein und beobachtete die Jäger. Es war von Kopf bis Fuß grün gekleidet und hatte einen sonderbaren Kegelhut auf.

»Das ist ein Holzmännlein«, erklärte der andere Jäger, als er es erblickte. Das Waldgeistchen nickte ständig mit dem Kopf, so als könne es ihn nicht ruhig halten und sang dazu ein seltsames Lied: »Kann sein, ös schießt's an Hahn;
Kann sein, nöt a!
Kann sein, ös kemmt's no hoam;
Kann sein, nöt a!«

Dann verschwand es so plötzlich, wie es gekommen war. Den Jägern wurde ein wenig unheimlich zu Mute, sie wollten aber nicht abergläubisch sein und gaben deshalb ihr Vorhaben nicht auf. Und doch hätten sie besser auf das Männlein hören sollen. Sie hatten auf dieser Jagd kein Glück. Der eine konnte am nächsten Morgen einfach nicht richtig wach werden und verschlief buchstäblich die Jagd, der andere ging daraufhin alleine weiter, verstieg sich aber und kam erst zwei Tage später völlig erschöpft wieder nach Hause.

Theophrastus Paracelsus und die Königin

Um das Jahr 1540 lebte in Salzburg der Wunderdoktor und Alchimist Theophrastus Paracelsus. Wie man munkelte, besaß er des Lebens Elixier. Er war weithin für seine hohe Kunst des Heilens berühmt. Damals soll sich eine sehr seltsame Begebenheit zugetragen haben, die uns in der »Bergheimat« so berichtet wurde:

Zur Zeit, als der berühmte Wunderdoktor Theophrastus Paracelsus in Salzburg lebte, kam eine fremde, wunderschöne Königin dahin, sich wegen eines hartnäckigen und sehr schmerzhaften Übels bei ihm Rats zu erholen. Aber selbst dieser hochbegabte und grundgelehrte Arzt konnte ihr nicht helfen.

Als sie nun eines Tages weinend und betrübt allein in ihrem Gemache im Gasthofe »zum Schiff« saß, erschien ihr plötzlich ein Bergmännlein aus dem Untersberge und sprach:

»Ich heiße Hahnengikerl und will die Königin von ihrer Krankheit wohl befreien, aber sie müßte sich meinen Namen ein Jahr lang merken, widrigens ich über ein Jahr und einen Tag wieder erscheinen und die Königin als meine Gemahlin in den Untersberg mitnehmen würde.«

Das Bergmännlein verschwand und die Königin genas zusehends; sie vergaß aber, wie es in den Tagen des Glücks zu geschehen pflegt, bald den Namen ihres Wohltäters. Endlich rückte der vom Bergmännlein gesetzte Termin heran und die schöne Königin war bereits ob ihrer Vergeßlichkeit in großer Angst.

Da begab es sich, daß ein frommes Mägdlein, die Tochter armer Eltern, um heilkräftige Kräuter zu suchen, auf den Untersberg stieg. Immer höher und höher klomm sie hinan, hielt aber plötzlich inne, denn aus einer unter Latschen (Legföhren) verborgenen Steinkluft sang und jubelte es mit klarer Stimme: »Juchhe! bin i froh,
daß d' Königin nit weiß,
daß i Hahnengikerl heiß.«

Alles stehen und liegen lassend eilte das Mädchen, welches bereits von der Königin und ihrer Verlegenheit gehört, sogleich nach Salzburg, wurde vorgelassen, und nachdem sie das eben Vernommene vorgetragen, von der überglücklichen Königin so reich beschenkt, daß sie und ihre Eltern lebenslänglich versorgt waren. Die nun ganz gesund gewordene Königin reiste darauf in ihr Land zurück, lebte daselbst, viele, viele Jahre in bestem Wohlsein und entschlief endlich hochbetagt und selig in dem Herrn.«

Soweit diese alte Geschichte. Theophrastus Paracelsus hatte nicht so viel Glück wie die Königin. Sein Ruhm war in Salzburg zwar ganz außerordentlich und er hatte einen Zulauf von Patienten, wie niemand sonst, aber das erweckte den Neid der anderen Ärzte in der Stadt. Eines Tages beschlossen sie, den unliebsamen Konkurrenten aus der Welt zu schaffen. Es gelang ihnen durch eine List, ihm Gift beizubringen.

Nun wußte der Wunderdoktor zwar, wie er das tödliche Mittel mit Hilfe eines seltenen Vogels aus seinem Magen holen und unschädlich machen konnte, aber unglücklicherweise wurde er bei der geheimen Operation von einem Diener gestört. Da mißlang der Eingriff, und Theophrastus mußte trotz seines Lebenselixiers sterben, wie andere gewöhnliche Menschen auch.

Das Haberfeldtreiben

An das bäuerliche Femegericht, den alten Brauch des Haberfeldtreibens, der noch zu Beginn des 20. Jahrhunderts geübt wurde, knüpft sich die Sage, daß der oberste Richter desselben, Kaiser Karl im Untersberg sei. Josef Hofmiller berichtet darüber:

»Es war vormals an vielen Orten in Bayern üblich, daß ein Mädchen, welches zu Fall kam, abends von den Burschen des Dorfes unter Geißelhieben in ein Haberfeld und zurückgetrieben wurde. Der Verführer mußte selbst mitmachen. Dieser Brauch hat später eine erweiterte Anwendung auf alle Personen gefunden, welche sich irgendein in den Augen des Volkes besonders schandbares, aber von den gewöhnlichen Gesetzen nicht erreichbares Vergehen zu Schulden kommen ließen. Ein Schwarm vermummter oder geschwärzter Burschen zieht unter dem ‚Haberfeldmeister' um Mitternacht vor das Haus des Schuldigen, welcher nach ungeheurem Schreien, Pfeifen, Johlen herauszitiert wird, und das Ablesen einer Spott- und Strafrede anhören muß. Beschädigung von Personen und Sachen hat sonst in der Regel nicht stattgefunden. Ist nun das Urteil gehalten, so zerstiebt die schwarze Rotte schnell nach allen Enden hin. ‚Sie fahren wieder heim', sagen die Leute, ‚zu ihrem Herrn, dem Kaiser Karl im Untersberg.'«

Wie die Schellenberger Eishöhle entdeckt wurde

Auf dem Weg zur Toni Lenz Hütte am Untersberg kommt man an drei Almhütten, die ehemals bewirtschaftet waren, vorüber. Die am höchsten gelegene Hütte war die Sandkaser-Hütte. Auch in früheren Zeiten war sie nicht ständig in Betrieb. Die Hirten stiegen nur manchmal von den tiefer gelegenen Almen herauf, um nach dem Vieh, das hier oben weidete, zu sehen und Salzsteine zu legen. Ansonsten waren die Schafe und Ziegen — nur diese Tiere fanden hier genügend Futter — sich selbst überlassen.

Es muß schon ein paar hundert Jahre her sein — so genau weiß das niemand mehr — da wollten ein paar Hirten beim Sandkaser wieder einmal nach dem Rechten sehen. Doch als sie oben angelangt waren, fanden sie kein einziges Tier. Sie glaubten schon, die Schafe hätten sich verlaufen oder es sei ihnen ein Unglück zugestoßen, bis sie endlich ein leises Blöken vernahmen.

Sie folgten dem Klang und fanden die Tiere in einer verdeckten Höhle, wo sie Schutz vor der sengenden Mittagssonne gesucht hatten. Neugierig drangen die Hirten tiefer in die ihnen bisher unbekannt gewesene Höhle ein. Sie war so ausgedehnt und führte so weit in den Berg hinein, daß sie nicht bis in ihr Innerstes vordringen konnten. Staunend sahen sie die bizarren Gebilde aus Schnee und Eis, die sich darin befanden.

Auf diese Weise — so heißt es — ist die Schellenberger Eishöhle entdeckt worden, ein Wunderwerk der Natur, das bis auf den heutigen Tag noch nicht ganz erforscht ist.

Die Entstehung der Wallfahrtskirche Maria Ettenberg

Die Arbeit im Wald, die früher fast ausschließlich den Lebensunterhalt der Bewohner des Almberges bildete, war schwer und gefährlich. Zahlreiche Männer mußten dabei ihr Leben lassen oder schlimmen körperlichen Schaden erleiden, wie etwa den Verlust eines Armes oder Beines.

In jenen Zeiten waren die Menschen oft frömmer als heute. So hatte der Bauer des Stierlinglehens in Unterjettenberg an seinem Haus ein uraltes Muttergottesbild aufgehängt. Jeden Morgen, wenn die Holzarbeiter in den Wald zogen, um ihr schweres Tagwerk zu verrichten, verharrten sie einige Minuten im Gebet vor dem Bild und baten um den Schutz Mariens.

Eines Tages war das Bild plötzlich verschwunden, niemand wußte, wohin. Sofort gingen die Leute auf die Suche und fanden »ihre Muttergottes« endlich an einem Lindenbaum wieder, der am Rand einer schöngelegenen Lichtung stand. Sie nahmen das Bild herab und hängten es wieder an den angestammten Platz am Stierlinglehen auf. Doch am nächsten Morgen war es abermals verschwunden und fand sich an der gleichen Stelle beim Lindenbaum wie tags zuvor. Keiner konnte sagen, wie es dort hingekommen war.

Da meinten die Leute, daß dieser Platz der Muttergottes vielleicht besser gefalle und ließen das Bild hängen.

Von nun an gingen die Holzarbeiter täglich an dem Lindenbaum vorüber. Als das Bild, das ungeschützt der Witterung ausgesetzt war, langsam Schaden nahm, errichten sie zum Schutz eine kleine hölzerne Kapelle.

In den Jahren 1724 und 1725 wurde die heutige Kirche erbaut und das ursprüngliche Gnadenbild, das stark verwittert war, durch ein Gemälde von Innozenz Antony Woraty ersetzt.

Seit dieser Zeit erfreut sich die stille Wallfahrtskirche großer Beliebtheit. Auch heute noch werden viele Bergmessen hier gefeiert und Bittgänge von den umliegenden Ortschaften aus, besonders von Marktschellenberg aus, abgehalten, wie etwas das vierzigstündige Gebet, das alljährlich vom 24. 7. bis 26. 7. stattfindet.

Eine Besonderheit in der Kirche verdient noch Erwähnung. Hinten auf der Orgelempore steht eine 4,30 m hohe Figur, die den hl. Christophorus mit dem Jesuskind darstellt. Niemand weiß heute noch, wie diese riesige Statue, die für das Gotteshaus fast zu wuchtig ist, hierhergekommen ist und wer der Bildhauer war.

Die steinernen Sennerinnen

Auf dem Kiliansberg, der an der Straße zwischen Berchtesgaden und Marktschellenberg liegt, bewirtschafteten vor vielen, vielen Jahren einmal drei Sennerinnen die dortige Alm. Sie waren die schönsten Mädchen im weiten Umkreis, gerade und anmutig gewachsen, mit frischen, lieblichen Gesichtern und so prachtvollen Haaren, wie man sie selten findet. Dicht und üppig hingen sie in langen Locken herab und hatten eine Farbe wie geschmolzenes Gold. Die drei Mädchen waren sehr stolz darauf, wuschen und bürsteten sie jeden Tag, bis sie mit der Sonne um die Wette glänzten. Dann setzten sie sich vor ihre Hütte und ließen sich bewundern. Von weit her kamen die jungen Burschen und machten ihnen den Hof.

Die drei Schönen aber wurden von Tag zu Tag eitler. Bald war ihnen ihr Aussehen das Wichtigste im Leben. Für Gott, für andere Menschen oder für ihre Arbeit hatten sie keine

Zeit mehr, denn sie brauchten Stunden und Stunden, um sich zu pflegen und anschließend vor dem Spiegel zu begutachten.

Es war an einem schönen Sonntagmorgen, da saßen die drei Sennerinnen wie gewöhnlich vor dem Spiegel und kämmten sich gegenseitig ihre herrlichen Haare. Lange schon hatte die Glocke der Stiftskirche in Berchtesgaden die Gläubigen zur Messe gerufen, aber sie machten keinerlei Anstalten, dieser Aufforderung zu folgen. Als die Wandlungsglocke weithin über das Land erklang, meinte eines der Mädchen beiläufig:

»Hört ihr, jetzt läuten sie zur Wandlung!«

»Na und«, gab eine ihrer Gefährtinnen schnippisch zurück, »was geht das uns an? Ich will heute abend, wenn die Burschen kommen, schön sein! Da habe ich keine Zeit für die unnütze Kirchenhockerei!«

»Recht hast du«, pflichtete ihr das dritte Mädchen bei und fuhr sich mit der Bürste kräftig durch die goldene Mähne. »Wir können die wenige Zeit, die uns noch zum Schönmachen bleibt, nicht in der Kirche vertrödeln!«

Und alle drei fuhren fort, ihre Haare zu kämmen, zu locken und kunstvoll hochzustecken.

Da ertönte mit einem Mal ein dumpfes Grollen. Verwundert blickten die Mädchen zum strahlend blauen Himmel auf, ob vielleicht ein Gewitter im Anzug wäre. Aber nichts war zu sehen. Wieder, diesmal lauter und drohender, vernahmen sie das unheimliche Grollen, und plötzlich ging ein Zittern durch den Boden, auf dem sie sich befanden. Voller Angst sprangen die drei Sennerinnen auf und wollten ins Tal laufen. Doch es war zu spät. Eine gewaltige Steinlawine löste sich vom Gipfel des Berges, überrollte die Almhütte mit allem, was sich darin befand, und donnerte ins Tal hinab.

Als es endlich wieder ruhig geworden war und sich der Staub gelegt hatte, waren die grüne Alm, die Almhütte und die drei schönen Mädchen mit den Goldhaaren verschwunden. Kein Mensch sah sie jemals wieder oder fand auch nur eine Spur von ihnen. An dem Ort, wo sie gewohnt hatten, ragten drei schroffe, kahle Felszacken abweisend in den Himmel. Sie werden seither von den Leuten »die steinernen Sennerinnen« genannt.

Die Entstehung der Wallfahrtskirche Maria Gern

Inmitten der großartigen Bergwelt des Berchtesgadner Landes liegt auf einem Hügel, umgeben von grünen Wiesen und ein paar Bauernhäusern, die kleine Wallfahrtskirche Maria Gern. Seit Jahrhunderten kommen die Leute hierher, um die Fürsprache Mariens zu erbitten. Dort, wo die heutige Kapelle steht, befand sich wahrscheinlich schon lange vor deren Bau eine Stätte, an der die Gottesmutter verehrt wurde.

Zwei alte Votivbilder aus den Jahren 1618 und 1626 weisen darauf hin. Auf dem Gemälde von 1626 ist sogar die Kapelle in ihrer alten Form — ein schlichtes, schwarzgebeiztes Holzhäuschen mit dem Gnadenbild darin — zu sehen.

Über die Entstehung der Wallfahrt wurden zwei Legenden überliefert. In der »Geschichte einer Wallfahrt« von Otto Schüller steht zu lesen:

»Die eine berichtet, daß unser Bild in die Gern geflogen sei, eine Geschichte, die von vielen Wallfahrtsbildern erzählt wird. Sie besagt lediglich, daß man um die Zeit, da diese Legende entstand, schon nichts mehr über die Herkunft des Bildes und über die Entstehung der Wallfahrt wußte.«

Die zweite Legende berichtet laut Otto Schüller:

»Ein altes Männlein habe die Muttergottes auf die Schwitz in der Hintergern gebracht. An Sonn- und Feiertagen seien dort viele Leute zum Kegelscheiben zusammengekommen. An einem solchen Tag habe der Alte sein Bild gebracht und zum Bauern ‚auf der Ebn' getragen, aber dieses wollte dort nicht bleiben. Dann habe man die Unterklapfkapelle gebaut und dort habe es der Muttergottes gefallen und sie sei geblieben. Wegen der allzu weiten Entfernung vom Markt Berchtesgaden aber habe man dann die jetzige Kirche errichtet.«

Die Entstehung des Gnadenbildes soll sich tatsächlich etwa so abgespielt haben, wie es die Legende erzählt. In der »Bergheimat« wird 1924 nach Aufzeichnungen des Pfarrers M. Schmidhammer aus dem Jahre 1896 so berichtet:

»Um das Jahr 1666 lebte ein Wolfgang Huber, ein geborener Gerner. Seine Eltern hatten das Saghäusel in der Gern erbaut und auch schon seine Voreltern lebten in der Gern. Er selbst nun war bereits 36 Jahre lang hochfürstlicher salzburgischer Unterwaldmeister und in der Herrschaft Uetter angestellt. Als echter Gebirgssohn hing er mit besonderer Liebe an seiner Heimat Gern und was ihm wohl besonders am Herzen lag, das war das Muttergottesbild in der schwarzgebeizten Kapelle auf dem Reitbüchel beim Seidenlehen. Er schnitzte — aus welchen Gründen wissen wir nicht — nach diesem Bild ein Muttergottesbild, ließ es malen und brachte es dann in seine Heimat. Hier wollte er es in einer Kapelle auf der Schwitz in der Hintergern aufstellen. Da aber dort noch keine Kapelle stand, gab er es an das nächste Bauernhaus, ‚Schwitz auf der Eben' genannt, zur Verwahrung, ging hierauf nach Berchtesgaden und besprach sich mit dem damaligen Stiftsdekan Johann Georg Leobrechtinger und mit dem Pfarrkaplan Thomas Khößler. In Verein mit diesen erbaute er sodann die zweite Kapelle auf dem Reitbüchel und stellte darin sein Muttergottesbild auf.«

So wurde die Kapelle im Jahre 1671 errichtet. Später wurde sie wegen des großen Zulaufs, den sie hatte, erweitert. Der Bau der heutigen Kirche wurde wahrscheinlich bereits im Jahre 1701 begonnen, aber erst nach vielen Unterbrechungen — hervorgerufen teils durch fehlende Gelder, teils durch Kriege oder andere schlimme Umstände — im Jahre 1724 eingeweiht. Später wurde sie noch einige Male restauriert.

Das Kreuz am Zellergraben

Früher stand in der Nähe vom Zellergraben in Au ein altes Feldkreuz. Dort kamen einmal zwei Dürrnberger, die sich auf einer Wallfahrt befanden, vorüber. Ehrerbietig nahm der eine seine Kopfbedeckung ab und grüßte den Gekreuzigten. Der andere aber ging vorüber, als hätte er das Kreuz nicht gesehen.

»Du, nimm den Hut ab und mache das Kreuzzeichen«, erinnerte ihn sein Begleiter.

»Ich bin ja schon vorbei«, antwortete der andere leichtsinnig, »jetzt nützt es sowieso nichts mehr!«

Auf ihrem weiteren Wallfahrtsweg kamen sie nach Berchtesgaden zur Franziskanerkirche. Sie traten ein und wollten, wie es sich gehört, ihre Hüte abnehmen. Zu seinem nicht geringen Schrecken aber brachte derjenige, der das Kreuz nicht gegrüßt hatte, trotz aller Anstrengungen seinen Hut nicht mehr vom Kopf herunter, so, als sei er dort festgewachsen.

Die Glocke auf dem Dürrnberg

In jenen Zeiten, als noch die alten heidnischen Bräuche im Volk lebendig waren, geschah es — laut Sage — oft, daß ein Knappe, der in den Berg einfuhr, die Schicht, die er hätte fördern sollen, schon fertig auf den Wagen geladen vorfand. Dann hatten die Gnome sein Tagewerk bereits vollbracht, um ihm zu helfen. Die Gnome waren fleißige kleine Männchen, die im Berg wohnten. Sie waren die Freunde der Häuer und unterstützten diese oft bei ihrem gefährlichen Werk unter der

Erde. Zum Dank schenkten ihnen die Häuer Obst, Milch, Brot oder sonstige gute Dinge, die nur auf der Erdoberfläche zu haben waren.

Eines Tages errichteten die Knappen auf dem Dürrnberg ein Kirchlein. Als es endlich fertig war, läuteten sie voller Stolz zum ersten Mal die Glocke. Sie erschallte mit hellem fröhlichem Klang bis weithin über das Land, und man konnte sie sogar bis tief in den Berg hinein hören. Als die kleinen Bergmännlein die ihnen ungewohnten Töne vernahmen, erschraken sie sehr. Ganz verwirrt liefen sie herum, tuschelten und wisperten miteinander und versteckten sich schließlich ängstlich hinter Felsbrocken oder in Höhlen. Verwundert sahen ihnen die Knappen zu, konnten sich das seltsame Verhalten der Zwerge aber nicht erklären.

In der Nacht kam eines der Bergmännlein zu einem alten Steiger, den die kleinen Wichte besonders gerne hatten. Es weckte ihn, sah ihn mit traurigen Augen an und sagte:

»Wir müssen aus diesem Berg fortziehen, denn der Schall eurer Glocke verjagt uns. Wir sind dem Herrn Christus gut gesinnt, aber wir dürfen ihn nicht so verehren, wie ihr. Lebt wohl, und bittet bei Ihm für uns.«

Nach diesen Worten winkte es dem erschrockenen Manne ein letztes Mal zu, sammelte seine kleinen Leute um sich und verschwand mit ihnen.

Die hilfsbereiten Zwerge wurden von da an nie mehr auf dem Dürrnberg gesehen. Seit der Zeit aber beten die Knappen bei jeder Bergmesse, zumindest taten sie es früher, für die freundlichen kleinen Gnome, daß auch sie einst selig werden.

Der Holzdieb im Stumpf

Einst wohnte im Berchtesgadner Land ein Mann, der seiner Lebtag lang keiner ehrlichen Arbeit nachging. Dennoch brachte er es zu Reichtum, denn er stahl bei den armen Bergbauern Holz und verkaufte es dann. Er ging dabei so geschickt vor, daß ihm die Geschädigten niemals etwas nachweisen konnten.

So entkam der Mann der irdischen Gerichtsbarkeit, nicht aber der himmlischen. Nach seinem Tode wurde seine Seele, so erzählt die Sage, in einen Baumstumpf gebannt. Dort muß sie ausharren, bis die Schuld abgebüßt ist.

Der Baumstumpf steht an dem Weg, der vom Dürrnberg über die Laroswacht nach Berchtesgaden führt. Es ist ein Gatter daran angebracht. Wer durchgeht und es wieder schließt, der hört deutlich ein so lautes und klagendes »Ach«, daß es ihm durch Mark und Bein geht.

Viele Gatter sind schon morsch geworden oder zerbrochen und wieder erneuert worden, nur der Baumstumpf muß noch immer dastehen und seinen Dienst verrichten, bis die Seele des Holzdiebes einst ihre ewige Ruhe findet.

Die verschwundene Alm

Vor Zeiten bedeckten saftige Wiesen und dichte Wälder eine Alm zwischen dem Hohen Göll und dem Roßfeld. Das Gras war durch den fruchtbaren Boden so fett, daß die Kühe, die darauf weideten, dreimal so viel Milch gaben als anderswo. Bald waren die Sennen auf dieser Alm reicher als alle anderen im Gebirge. Aber wie so oft kam mit dem Reichtum auch der Hochmut. Sie hielten sich für besser als die übrigen Bergbewohner, denen es nicht so gut ging wie ihnen, und die manchmal sogar in bitterster Armut lebten. Wie viele, die Überfluß haben, verloren sie die Achtung vor den Gottesgaben, weil sie ihnen so mühelos und in derart überreichlichem Maß geschenkt wurden.

Einer der Sennen — er wurde wegen seiner Größe »der lange Sepp« genannt — trieb es besonders arg. Jeden Morgen füllte er einen großen Zuber bis oben hin mit Milch und badete darin. Anschließend schüttete er ihn in den Bach vor seinem Haus aus. Mit Schrecken sahen die Leute dieses Tun, aber sie wagten es nicht, den mächtigen Mann zu tadeln. Nur ein sehr alter Bauer scheute sich nicht, ihm deshalb Vorhaltungen zu machen. Ernst mahnte er ihn:

»Sepp, frevle nicht! Wenn du mehr Milch hast, als du verarbeiten kannst, so schenke sie den Armen, die um jeden Schluck dankbar sind. Frevle nicht länger, sonst wird es dir einmal schlecht ergehen.«

Aber der lange Sepp hatte nur ein höhnisches Grinsen für ihn übrig.

»Kümmere dich um deine eigenen Sachen und nicht um das, was dich nichts angeht, alter Griesgram«, rief er, vom Reichtum verblendet, »ich weiß selbst, was ich zu tun habe. Was gehen mich die Armen an? Sollen sie doch arbeiten, dann haben sie auch zu essen! Ich bin nicht schuld an ihrer Not!«

Am heiligen Abend, als alle anderen der Geburt des Herrn gedachten, sich gegenseitig beschenkten und miteinander feierten, saß der lange Sepp allein in seinem Haus und zählte mit gierigen Händen seinen Reichtum. Obwohl er wußte, daß viele Familien auch an diesem hohen Festtag nicht genug zu essen hatten und viele Kinder eine Tasse Milch dringend notwendig gehabt hätten, goß er sich wieder seinen Zuber voll mit seiner besten Milch und nahm ein langes Bad. Anschließend schüttete er sie hohnlachend weg.

Da überzog sich der Himmel urplötzlich mit einem dunklen, drohenden Gewölk. Es senkte sich ganz tief über die Alm, so daß der lange Sepp meinte, es mit Händen greifen zu können. Rasch lief er in sein Haus zurück und versteckte sich dort voller Angst. Ein wilder Sturm erhob sich, und kurze Zeit später ging ein so furchtbares Unwetter mit Schnee- und

Hagelschauern über der Alm nieder, wie es seit Menschengedenken noch nie eines gegeben hatte. Stundenlang tobte es mit unverminderter Macht.

Als sich die Finsternis lichtete und die Naturgewalten endlich wieder zur Ruhe gekommen waren, wagten sich die Leute wieder aus ihren Häusern. Da sahen sie voller Entsetzen, daß die fruchtbare Alm des langen Sepp verschwunden war. Sie lag unter Unmengen von Schnee und Eis begraben. Von ihm selbst fanden sie keine Spur mehr, so viel sie auch suchten. Dort, wo sein Haus gestanden hatte, befand sich ein dickes Eisfeld, das bis auf den heutigen Tag nicht mehr geschmolzen ist. Darum wird seitdem die unwirtliche Stelle zwischen Göll und Roßfeld das »Eisfeld« genannt.

Die Glücksblume auf dem Hohen Göll

Der Hohe Göll im Berchtesgadner Land ist ein majestätischer Gebirgsgipfel, den nur erfahrene Bergsteiger erklettern sollen. Seine schroffen, abweisenden Felswände haben schon manches Menschenleben gefordert. Von ihm erzählt man sich folgende Sage:

Irgendwo, ganz oben auf dem Hohen Göll, wächst im Frühling eines jeden Jahres eine Blume mit seltener Macht. Sie ist nur klein und blüht ganz im Verborgenen, so daß nur derjenige sie finden kann, der sorgfältig nach ihr sucht. Dort, wo sie aus der Erde kommt, hat sie vier zarte grüne Blätter und nach einem kurzen Stengel öffnet sie eine schneeweiße, vierblättrige Blüte. Derjenige, der diese Blume auf dem Hohen Göll findet, darf sich glücklich schätzen. Jegliches Unheil wird ihn von Stund an meiden. Darum nennen die Menschen die seltene kleine Pflanze »Glücksblume«.

Einst lebte in Golling ein junger Bauer. Er war fleißig und arbeitete vom ersten Morgengrauen bis hinein in die dunkle Nacht. Dennoch blieb er arm, weil die Früchte seiner Mühen immer wieder durch Naturgewalten oder sonstiges Unheil zunichte gemacht wurden. Einmal wurde seine Ernte vom Hagelschlag niedergewalzt, dann ging sein gesamtes Vieh an einer Seuche ein, und ein andermal wurde sein Haus durch einen Brand schwer beschädigt. Da sagte er sich eines Tages voller Verzweiflung:

»So geht es nicht mehr weiter. Ich werde vom Unglück ja geradezu verfolgt. Ich muß versuchen, die Glücksblume zu finden, sonst komme ich nie auf einen grünen Zweig.«

Er ging zu einer weisen, alten Frau und fragte sie, wie er das anstellen sollte, denn ihm war zwar bekannt, daß die begehrte Pflanze hoch oben auf dem Göll wuchs, aber Näheres darüber, wie sie zu finden war, wußte er nicht.

»Überlege dir gut, ob du dieses Wagnis auf dich nehmen willst«, mahnte ihn die Alte besorgt. »Es ist ein schwieriges Unterfangen, und schon viele haben es mit dem Leben bezahlt! Du bist noch sehr jung, ist dir die Blume so viel wert?«

»So armselig wie bisher will ich nicht länger leben«, antwortete der Bauer entschlossen, »lieber sterbe ich! Doch fürchte nichts, ich kenne den Berg und seine Gefahren genau und werde vorsichtig sein. Du mußt mir nur sagen, wie ich es anstellen muß, die Blume zu suchen.«

»So höre«, sprach die alte Frau. »Du mußt in der Silvesternacht um die 12. Stunde in den Wald gehen und von einem Haselnußstrauch einen Zweig schneiden, der genau neun Sprossen getrieben hat. Am Palmsonntag nach der Weihe der Palmbuschen mußt du diesen Zweig zu den geweihten Palmkätzchen in deiner Stube stellen.«

»Wann kann ich denn endlich die Blume suchen?« forschte der Bauer voller Ungeduld.

»Solch ein schwieriges Unternehmen muß lange geplant und sorgfältig vorbereitet werden. Wer das nicht will, gibt es besser auf«, wies ihn die alte Frau zurecht. Dann fuhr sie fort:

»In der Walpurgisnacht — wieder um die Geisterstunde — nimmst du den Zweig in die Hand und steigst auf den Hohen Göll. Der Zweig wird dich führen. Doch du darfst nur gehen, wenn der Mond scheint«, schärfte sie ihm eindringlich ein, »und du darfst dich auf dem ganzen Weg nicht ein einziges Mal umsehen. Sonst ist alles verloren!«

Der Bauer dankte der Alten und tat, wie sie ihm geraten hatte. Als endlich die Walpurgisnacht gekommen war und der Mond sein Licht wie einen silbernen Schleier über die Berge legte, machte er sich mit der Haselrute auf den Weg. Vorsichtig stieg er den schmalen, dunklen Pfad hinauf. Er achtete auf jeden Schritt, und doch bewahrten ihn einige Mal nur seine Bergerfahrungen und sein sicherer Tritt vor einem Sturz in die Tiefe. Er wagte es nicht, sich umzuschauen, um zu sehen, wieviel des Weges er schon geschafft hatte, weil er wußte, daß sonst alles umsonst gewesen wäre.

Endlich — in der Ferne hinter dem Gebirge graute schon der Tag — hatte er den Gipfel erreicht. Da zuckte plötzlich die Haselrute in seiner Hand. Sofort blieb er stehen und suchte den Boden, auf dem er stand, sorgfältig Stück für Stück ab. Nun sah er an einer ganz verborgenen Stelle die zarte Blüte der Glücksblume, genauso, wie er sie aus den Beschreibungen der Leute kannte, hervorschimmern.

»Ich hab' sie gefunden, ich hab' die Glücksblume wirklich gefunden!« rief er außer sich vor Freude.

Alle Mühen, die er wegen der Zauberpflanze auf sich genommen hatte, waren vergessen. Vorsichtig grub er sie aus und trug sie nach Hause.

Von nun an — so wird berichtet — glückte ihm alles, was er anfing. Sein Getreide wuchs doppelt so gut wie anderswo, seine Felder blieben vom Hagelschlag verschont und nie mehr stürzte eines seiner Tiere ab oder wurde das Opfer einer Seuche. In wenigen Jahren brachte er es so durch seinen Fleiß und mit Hilfe der Glücksblume zu ansehnlichem Wohlstand.

Der steinerne Tanzplatz

Auf den Almen am Hohen Göll oben standen einstmals zwei prächtige Höfe. Die Bauern, denen sie gehörten, waren sehr reich. Ein großer Teil des Landes ringsum war ihr Eigentum und sie hatten eine Menge Vieh in ihren Ställen und viele Taler in ihren Truhen. Der Überfluß, in dem sie lebten, machte sie aber stolz und hartherzig und ließ sie die Armen verachten. Sie taten alles, wonach ihnen gerade der Sinn stand, ohne daran zu denken, ob es anderen Schaden bringen könnte. Eines Tages, als sie vor Übermut nicht wußten, was sie anstellen sollten, kegelten sie mit frischen, gelben Butterkugeln um die Wette und tanzten dazu.

Da aber war das Maß ihrer Sünden voll, und die Vergeltung nahte. Mit einem Mal krachte und grollte es unheildrohend im Gebirge. Vom Hohen Göll löste sich eine gewaltige Steinlawine und polterte donnernd hernieder.

Sie zertrümmerte Häuser und Stallungen und schüttete alles mit tausenden und abertausenden von Steinen zu. Niemand, der sich auf der Alm befand, entkam dem schrecklichen Strafgericht.

Seit dieser Zeit heißt das ebene Geröllfeld nahe der Ofner Alm »der steinerne Tanzplatz«.

Das Gespenst im Kaser

Auf der Dürrfeichtenalm, die man vom Eckersattel aus erreicht, ging früher ein Gespenst um. Oft hörte man im dortigen Kaser jemanden Holz spalten, obwohl sich kein Mensch darin befand. Weithin, bis zum Eckersattel hinunter konnte man die geisterhaften Geräusche vernehmen. Dort machte der Vater des Erzählers dieser Geschichte seine Kinder noch

Mitte des 19. Jahrhunderts auf den Spuk aufmerksam und sagte:

»Buben seids stad, hört's ihr den Lärm im Kaser?« Dann war, wie der Erzähler versicherte, das Gespenst wieder am Werk.

Der Geißstall-Mandl

Auf der Geißstallhöhe unter dem Zinkenkopf, ein Stück oberhalb des Pechhäusls, befand sich früher das Geißstallechen. Über seinen letzten Besitzer — er wurde Geißstall-Mandl genannt — waren allerlei Gerüchte im Umlauf und man erzählte sich sonderbare Dinge von ihm.

Einmal hatte er Leute gedungen, die ihm beim Ackern helfen sollten. Als diese am Abend vor Beginn der Arbeiten bei ihm am Hofe anlangten, war nichts für den folgenden Tag vorbereitet. Keine einzige Fuhre Mist war gebreitet worden.

»Bauer, wie sollen wir morgen beginnen, der Mist ist ja noch nicht auf den Feldern?« fragten sie verwundert.

»Kümmert euch nicht um Dinge, die euch nichts angehen!« wies sie der Geißstall-Mandl zurecht. »Geht nur schlafen. Morgen könnt ihr eure Arbeit tun, wie wir es abgemacht haben.«

Und tatsächlich, am nächsten Morgen war der Mist fertig auf den Feldern ausgebreitet.

»Das geht nicht mit rechten Dingen zu«, sagten die Leute zueinander. »Gestern abend noch war der ganze Acker leer!«

»Seid still«, flüsterte einer von ihnen, »ich weiß, was geschehen ist. Ich konnte heute nacht nicht schlafen und schaute zufällig zum Fenster hinaus. Der Mond schien ganz hell, und da sah ich die Zwerge vom Untersberg, wie sie den Mist breiteten.«

Auch eine andere Geschichte erzählte man sich über den Geißstall-Mandl. Er soll über ganz übernatürliche Kräfte geboten haben. So ließ er einmal aus Versehen einen Wasserkrug auf seinem Felde stehen und ging nach Hause. Beim Mittagessen wurde der Krug gebraucht. Nun ging aber der Mandl nicht etwa hinaus, um ihn zu holen! Er pfiff einfach auf besondere Weise durch die Finger, und da kam der Krug von selbst herbei.

Heute steht das Geißstallechen nicht mehr, weil im Jahre 1856 das Gebiet dort aufgeforstet wurde.

Die Haber-Goas

Im Gebirge soll ein seltsames, bösartiges Gespenst sein Unwesen treiben. Manchmal kann es geschehen, daß man neben sich mit einem Mal das laute Gemecker einer Ziege vernimmt, obwohl weit und breit kein solches Tier zu sehen ist. Das ist dann die Haber-Goas. Manchmal erscheint sie auch, gleichsam aus dem Nichts, vor einem und erschreckt einen so fast zu Tode.

Der Thal-Wasserer von Bischofswiesen und der Schneider Michl von Schönau, die beide etwa um die Jahrhundertwende lebten, erzählten, daß diese unheimliche Ziege einst in der Gotzental-Holzstube erschienen sei. Die Holzknechte, die sich gerade darin befanden, wurden von ihr so lange geärgert, gestoßen und durch hämisches Gemecker gestört, bis sie sich nicht mehr anders zu helfen wußten, die Haber-Goas über das Feuer stellten und molken. Daraufhin soll das Gespenst verschwunden sein.

Der zauberkundige Bauer

Am Faselsberg lebte Mitte des vorigen Jahrhunderts der Kranvogel-Bauer. Von ihm heißt es, daß er übernatürliche Kräfte besessen habe. Mehrere sehr merkwürdige Geschichten wurden über ihn erzählt.

Einmal lagerte ein kleiner Zigeunerstamm ohne die Einwilligung des Kranvogel-Bauern auf dessen Grund. Da griff dieser zu einer List. So, als wäre es die selbstverständlichste Sache der Welt, nahm er ein Getreidesieb, füllte es bis oben hin mit Wasser und brachte es den Zigeunern. Die erschraken zutiefst und verließen Hals über Kopf den Hof des ihnen unheimlichen Mannes, den sie für einen gefährlichen Zauberer hielten. Denn wer kann schon Wasser in einem Sieb befördern, außer er ist mit dem Teufel im Bund! So wurde der Kranvogel-Bauer ohne Schwierigkeiten die ungebetenen Gäste los.

Ein anderes Mal war der Kranvogel-Bauer beim Wildern. Dabei erwischte ihn ein Jagdaufseher und verfolgte den Flüchtenden erbittert. Zuletzt war er ihm so dicht auf den Fersen, daß kein Entkommen mehr möglich war. In seiner Not verzauberte sich der Kranvogel-Bauer in einen Baumstamm, wie viele entlang des Weges lagen, weil ihm in der Schnelligkeit nichts Besseres einfiel. Das aber war, wie sich später herausstellte, ein Fehler gewesen.

Der Jagdaufseher suchte noch eine Weile nach dem geflohenen Wilderer, doch als er ihn nicht mehr fand, ließ er sich auf einen Baumstamm sinken und beschloß, eine Rast zu machen. Er zog Brot, Wurst und Messer heraus und begann zu essen. Wie er es gewöhnt war, schnitt er sich jeweils ein Stück von dem Brot und eines von der Wurst ab, kaute es bedächtig und steckte inzwischen das Messer in den Baumstamm, bis er es wieder brauchte. Als er zufällig einmal neben sich blickte, entdeckte er, daß dort, wo er das Messer hineingestoßen hatte, hellrotes Blut aus dem Stamm quoll. Entsetzt sprang er auf und verließ den unheimlichen Platz in wilder Flucht.

So entkam ihm der Kranvogel-Bauer zwar mit Hilfe seiner Zauberkünste, aber da der Jagdaufseher ausgerechnet ihn als Rastplatz gewählt hatte, trug er doch eine ernste Verletzung davon.

Eines Tages, es war ein schöner Sonntagmorgen, ging der Kranvogel-Bauer in die Kirche. Während der Messe fiel ihm plötzlich voller Schrecken ein, daß er sein Zauberbuch, in dem er zuvor gelesen hatte, aufgeschlagen auf dem Tisch hatte liegen lassen. Eilends sprang er auf und lief nach Hause. Aber es war schon zu spät. In seiner Stube suhlten sich Schweine und hatten bereits alles beschmutzt. Außerdem stank es fürchterlich. Um den Geisterspuk rückgängig zu machen mußte er das ganze Buch, von der Stelle an, wo er aufgehört hatte zu lesen, wieder rückwärts lesen, bis dorthin, wo er begonnen hatte. Dann erst verschwanden die Schweine, und alles war wieder, wie zuvor.

Eine Berchtesgadner Prophezeiung

Auch im Berchtesgadener Land, wie an vielen anderen Orten Bayerns, gab es Hellseher, die ihre dunklen Weissagungen über zukünftiges Geschehen den Leuten mitteilten. Über einen von ihnen schrieb Paul Hasenknopf vom Heinzenlehen am Faselsberg im Jahre 1932 in der »Bergheimat«:

»Um das Jahr 1800 lebte im Berchtesgadener Land ein Prophet, genannt Thaler-Wasserer; er war Bergknappe und Bauer vom Thalerlehen am Faselsberg. Ältere Leute können sich vielleicht noch durch Erzählungen von ihren Vorfahren daran erinnern. Was mir von diesem Propheten erzählt wurde, will ich hier niederschreiben. Vielleicht interessieren sich manche Leser dafür und es veranlaßt sie zum Nachdenken in dieser traurigen, für die Zukunft so aussichtslosen Zeit.

Seinen beiden Söhnen prophezeite er folgendes: Dem Einen wird es gut gehen, wenn er auch auf einem Steinhaufen anfangen muß; dem Andern wird es nie gut gehen, er wird ja ohnehin nicht alt. Hat sich erfüllt.

In kurzer Zeit wird dieses Bauernhaus (Holzlehen) abbrennen. Es brannte auch tatsächlich nieder.

Wenn die Stiftstürme wieder aufgebaut werden, wird Krieg und »verdraht« sich viel. 1866! Der Turm war früher wegen Baufälligkeit abgetragen.

Kommt einmal eine recht gute Zeit; es werden viele Häuser gebaut, die Hanserer-Kapelle steht einmal mitten im Markt.

Eine eiserne Straße wird gebaut.

Wagen kommen ohne Rößl und Deichsel und mit glühenden Augen.

Auf die höchsten Berg' werden Häuser und Straßen gebaut.

Wenn der Bettel und einige Feiertage aufgehoben werden, kommt eine schlechte Zeit.

Wegen einem kleinen Landl geht einmal der »schiachest« (schrecklichste) Krieg los. Die Soldaten gehen von diesem Krieg »grad a so hoam« und ein Friede wird geschlossen, daß die Lebenden die Toten beneiden.

Wenn einer mit dem Hut voll Geld über den Markt geht, schauen die Leute gar nicht.

Die Bauernleut gewanden sich wie die Herrenleut, und die Herrenleut wie die Schalknarren.

Man kennt die Mannerleut und die Weiberleut nicht mehr auseinander.

Die Weiberleut raufen sich um einen Stuhl, wo ein Mannerleut draufgesessen ist.

Und a mal gibts kein Geld »schiaga« bereits mehr.

Wer von Berchtesgaden nicht »außi« geht, der »kriacht nu außi«.

Wenn der Bauer »anbaut« (ackert) und er sieht einen Herrn gehen, laßt er den Pflug stehen, erschlägt zuerst den Herrn mit der Pflugreidl, dann fahrt er erst wieder weiter.

Recht viele Gesetze werden gemacht, werden aber nicht mehr ausgeführt.

Die Leute werden bloß noch bei den Händen angeschaut; diejenigen, welche keine Arbeitshände haben, werden alle erschlagen.

Wer noch etwas hat, dem wird es genommen.

Auf der Mitterbach würden die Allee-Bäume gepflanzt; wenn die Bäume groß sind, da gibt's Knüppel zum Herren »derschlagen«.

Und dann an einem Pfingstsonntag, bis die Leute von der Kirche herausgehen, ist das »schiachest« (schrecklichste) vorüber, dann kommt wieder eine bessere Zeit.

Wenn das alles vorüber ist, und dann die Leute auf dem Markt einen Menschen sehen, gehen sie zusammen, geben sich die Hand und sagen: »Grüß Dich Gott, lebst du auch noch!«

Die Leute brauchen dann keine Häuser mehr zu bauen, sie brauchen bloß noch hineinzugehen.

Aberglaube von der Alm

Anton Eichelmann überlieferte uns abergläubische Ansichten, wie sie noch vor etwas über fünfzig Jahren auf den Almen verbreitet waren:

Wenn die Lawinen niedergeh'n, dann freut sich die Sennerin, weil sie bald wieder auf die Alm kommt.

Schneit es am Palmsonntag auf die Palmweiden, dann schneit es im Sommer jeden Monat auf das Vieh.

Wenn die Glockenkuh ihre Glocke fest läutet, dann schneit es etliche Tage. Und wenn der Dreifuß auf dem Herd glühen wird, dann hört es auch nicht so bald auf.

Schlecht Wetter wird es, wenn sich der Kessel nicht blitzblank putzen läßt, »wenn a nöt blüagötzt«.

Stößt sich die Sennerin beim Aufstehen an die Hoßdecke, dann ist und bleibt es ein kritischer und wehleidiger Tag.

Ein Besuch kommt:

Wenn sich zwei Kühe lange Zeit abschlecken,

wenn Vieh mit einem Grasbüschel oder Blümerl zum Kaser kommt,

wenn es beim Verlassen oder Betreten des Stalles die Türschwelle verunreinigt,

wenn die Milchbretter zwischen den aufeinandergestellten »Stoz« kleben bleiben,

wenn das Feuer bläst: »Feuer blast, kommt a Gast, kommt er net g'schwind, vertragt ihn der Wind!«

Sind die Mäuse im Kaser recht zudringlich und furchtlos, dann kommt ein neugieriger Mensch.

Verliert eine Glockenkuh die Glocke, dann kommt die Sennerin nächstes Jahr nicht mehr auf die Alm.

Findet sie eine Glocke, wird sie heiraten.

Wie die Hintnerkapelle entstand

Gegen Ende des 17. Jahrhunderts herrschte im ganzen Land eine große Teuerung, unter der vor allem die armen Bevölkerungsschichten zu leiden hatten. Zu dieser Zeit lebte nahe Hallein der Kaufmann Jakob Hintner. Er war ein reicher Mann, trieb Handel in aller Herren Länder und besaß in seiner Heimat einen schönen Meierhof und viel Grund ringsherum. Eines Tages, er befand sich gerade auf einem seiner Felder, überkam ihn ganz plötzlich eine seltsame, unüberwindliche Müdigkeit. Er setzte sich nieder, um ein wenig zu rasten. Dabei schlief er ein. Im Traume erschien ihm die Muttergottes, blickte ihn liebevoll an und sprach:

»Baue um deinen Hof eine Mauer. Damit kannst du vielen Menschen Arbeit und Brot geben und die Not in deiner Heimat lindern.«

Der Kaufmann war ein gottesfürchtiger Mann und tat, wie ihm Maria im Traum geboten hatte. Er beauftragte die Handwerker seines Dorfes, die durch die Teuerung schon lange keine Kunden mehr hatten, mit der Aufrichtung des Mauerwerkes. Zusätzlich stellte er noch viele Hilfskräfte ein. Da herrschte große Freude im ganzen Ort. Die Leute waren glücklich, endlich wieder Arbeit zu haben. Nun konnten sie das, was sie zum täglichen Leben brauchten, selbst verdienen und waren nicht mehr auf demütigende Almosen angewiesen.

Jakob Hintner mußte für den Bau der Mauer eine Menge Geld aufwenden, dennoch wurde sein Reichtum durch die Tat nicht weniger. Es schien vielmehr, als seien von Stund an seine Unternehmungen vom Himmel gesegnet. Was er für die Armen ausgegeben hatte, bekam er durch günstige Handelsabschlüsse zehnfach wieder zurück.

Auf einer ausgedehnten Reise durch fremde Länder, ging er eines Tages in ein kleines Gotteshaus, um zu beten. Da erblickte er in der Kirche ein Bild, auf dem die Gottesmutter genauso dargestellt war, wie er sie im Traume gesehen hatte. Voller Freude ließ er sich von einem Künstler eine Abbildung davon machen und nahm sie mit in seine Heimat. Er baute

1685 eine kleine Kapelle, stellte das Bild darin auf und ließ das Gnadenbild auch noch an seinem Stammhaus aufmalen. Noch heute hängt dieses Marienbild in der »Hintnerkapelle«.

Maria Kirchental bei Hallein

Im Jahre 1677 verlor der Schafhirte des Riesenbauern bei Hallein seine Tiere. Obwohl er den ganzen Tag eifrig suchte, konnte er sie nicht wiederfinden. Als er am Abend nach Hause kam, wurde er nicht eingelassen, weil er die Schafe nicht mitbrachte.

Verzweifelt machte sich der Knabe erneut auf die Suche. Plötzlich sah er einen eigenartigen Lichtschein. Neugierig ging er darauf zu und entdeckte ein Muttergottesbild, von dem der helle Glanz erstrahlte. Vor dem Bild fand er seine Schafe »und zwar in auf den Vorderfüßen niedergebeugter Stellung« wie es in einem alten Bericht heißt.

Der Hirte betete voller Ehrfurcht und kehrte dann mit seinen Tieren zum Hof des Riesenbauern zurück, wo er endlich Einlaß fand. Er erzählte, was sich zugetragen hatte.

Von Stund an wurde das Muttergottesbild, das auf so seltsame Weise zutage gekommen war, von der Bevölkerung hoch in Ehren gehalten. Der Riesenbauer ließ zum Schutz vor Wetterunbilden ein Holzdach darüber anbringen. Einer seiner Nachfolger, Rupert Schinerl, erbaute um die Mitte des vorigen Jahrhunderts die heutige Kapelle. Darin befindet sich ein geschnitztes Bild, auf dem das Geschehen dargestellt und die Jahreszahl 1677 angebracht ist.

Die Glocke von Großgmain

Im Jahre 1634 wütete in Hallein die Pest in einem verheerenden Ausmaße. Es gab kaum ein Haus, in dem nicht Tote zu beklagen waren. Verzweifelt schlossen sich die Menschen in ihren Häusern ein und wagten sich aus Furcht vor Ansteckung nicht mehr ins Freie. Doch auch so blieben viele von der schrecklichen Geißel nicht verschont und starben wie die Fliegen. Niemand wußte mehr, wie er sich vor der furchtbaren Seuche schützen konnte.

Da ertönte eines Tages eine Glocke mit hellem Klang, so, als wolle sie die Menschen zur Messe rufen. Eindringlich und zugleich aufmunternd läutete sie unentwegt fort und fort, bis die Leute über ihrer Neugier die Angst vergaßen und auf dem Dorfplatz zusammenliefen.

»Was bedeutet das?«

»Wer läutet da?«

»Das ist doch nicht unsere Kirchenglocke!«

So schwirrten die Stimmen durcheinander, und kopfschüttelnd lauschten die Halleiner dem ungewöhnlichen Geläute.

»Das ist die Glocke von Großgmain«, erkannte plötzlich einer der Bürger zu seinem höchsten Erstaunen, »ich höre es am Klang. Ich bin oft in diesem Ort gewesen!«

»Unmöglich«, widersprach ihm ein anderer, »zwischen Großgmain und Hallein liegt der Untersberg! Wie sollen wir da die Glocke hören?!«

»Und sie ist es doch!« beharrte der erste hartnäckig.

Nun erkannten auch einige andere die Glocke am Klang als die von Großgmain und gaben ihm recht.

»Das ist ein Wunder«, riefen die Halleiner aufgeregt, »das ist ein Fingerzeig Gottes zur Hilfe aus unserer Not. Wir wollen eine Wallfahrt zur Muttergottes nach Großgmain machen. Sie wird uns von der Pest befreien!«

Da faßten alle wieder neuen Mut. Sie liefen in ihre Häuser, kleideten sich in ihre Festgewänder und zogen dann in einer feierlichen Prozession nach Großgmain hinüber. In der Kirche dort, deren Glocke sie so beharrlich gerufen hatte, trugen sie ihr Anliegen der himmlischen Mutter vor. Und Maria half! Von Stund an war die Macht der Pest gebrochen, und es starb niemand mehr daran. In dankbarer Erinnerung wurde der Bittgang nach Großgmain auch künftig jedes Jahr abgehalten.

Wie Blühnbach entstand

Vor mehr als tausend Jahren unternahm der damalige Erzbischof von Salzburg, Herr Hartwik (+ 1023) eine Reise nach einem kleinen Ort im Hagengebirge. Es war Winterszeit und ringsum war alles tief verschneit. Einmal ging der Kirchenfürst ganz in Gedanken durch das Dorf und brach im Vorübergehen ein Ästchen von einem Baum. Da fing dieses in seiner Hand zu treiben an und war in kurzer Zeit über und über mit Blüten und frischen Blättchen bedeckt.

Voller Staunen über dieses Wunder nannte der Erzbischof den Ort daraufhin »Blühenbach«, wie er bis auf den heutigen Tag heißt. Das Jagdschloß, das dort steht, erbaute im Jahre 1631 der Salzburger Erzbischof Wolf-Dietrich.

Eine geisterhafte Kegelpartie

Eine merkwürdige und unheimliche Geschichte erzählt man sich von der alten Bergruine Gutrath, die nahe dem Paß am hangenden Stein liegt.

In ihren Gewölben oder Gängen tief unter der Erde ist irgendwo ein Kegelspiel mit neun Kegeln und zwei Kugeln — alles aus purem Gold — verborgen. Dieser Schatz wird von einem bösen Geist bewacht.

Nun kann wohl einer, der genügend Mut aufbringt, das wertvolle Kegelspiel erringen. Er muß dazu aber in die Geheimgänge der Ruine hinabsteigen und suchen, bis er den Schatz findet. Dann muß er mit dem grimmigen Wächter desselben eine Partie spielen. Gewinnt er, so ist der Schatz sein, verliert er aber, dann Gnade ihm Gott! Was dann mit ihm geschieht, kann niemand sagen, denn der Unglückliche kehrt nie mehr ans Tageslicht zurück.

Das Gespenst in der Burg

Einst stand in einem Fichtenwald nahe Hallein das Schloß Wiesbach. Es ist längst verfallen, doch soll einer der ehemaligen Burgherren, »der alte Wispek«, lange Zeit in dem Gemäuer sein Unwesen getrieben haben. Wie es heißt, mußte er umgehen, »weil er manches auf dem Herzen hatte, wovon man im Leben nicht gerne weiter erzählt«.

Der Schatz auf dem Georgenberg

Zwischen Golling und Hallein, nahe bei der Ortschaft Kuchl ist der Georgenberg. Unterhalb der Kirche, die dort steht, befindet sich eine verborgene Höhle. Der Sage nach sind in ihr unermeßlich reiche Schätze vergraben. Aber bisher hat sie noch niemand gefunden.

Der wandernde Sarg

Eine seltsame Sage wird von Scheffau bei Golling berichtet. Dort starb vor vielen hundert Jahren eine Frau, die als große Sünderin bekannt war. Sie war so plötzlich aus dem Leben abberufen worden, daß ihr keine Zeit geblieben war, ihre Schuld zu büßen. Nach altem Brauch wurde sie ganz hinten in der Kirche bestattet. Seither — so heißt es — rücken Sarg und Stein Stück für Stück dem Hochaltar zu, in dem gleichen Maße, wie die Tote im Fegefeuer ihre Schuld abbüße. Bisher soll sie aber noch nicht einmal die Hälfte der Strecke geschafft haben.

Das Teufelswirtshaus

Einst lebte nahe Hallein ein Bauer, der alles andere als fromm war. Er kümmerte sich weder um seine Familie noch um seinen Hof, und man fand ihn öfter im Wirtshaus als bei der Arbeit. Dennoch kam sein Anwesen nicht herunter, und er blieb ein wohlhabender Mann. Da glaubten die Leute, er habe seine Seele dem Teufel verschrieben und somit das Glück gepachtet.

Dieser Bauer ging eines Nachts nach einer langen Zecherei über die Strub bei Adnet nach Hause. Plötzlich sah er ein hellerleuchtetes Wirtshaus vor sich, aus dem lustige Musik erklang.

»Hoi, seit wann gibt's denn hier ein Wirtshaus?« wunderte er sich. »Das kenne ich ja gar nicht!«

Da trat eine fesche Kellnerin aus der Türe, blinzelte ihm verführerisch zu und lud ihn mit freundlichen Gesten zum Verweilen ein.

»Was soll ich daheim?« dachte der Bauer. »Hier ist es viel lustiger! Und die Kellnerin gefällt mir sakrisch gut!«

Rasch ging er auf das Haus zu und wollte eben eintreten, als ihn ein schriller Entsetzensschrei innehalten ließ.

»Halt! Bleib stehen! Bleib um Gottes willen stehen!«

Er blickte sich um und sah hinter sich seinen Freund, der mit ihm gezecht hatte und der den gleichen Heimweg hatte, wie er. Jener war an diesem Abend ein wenig später als er selbst aufgebrochen und darum erst jetzt an der Stelle angelangt.

»Bleib stehen!« schrie sein Freund abermals ganz aufgeregt und fuchtelte wild mit den Armen. »Bist du denn blind? Du rennst ja geradewegs auf den Abgrund zu!«

Verwundert schaute der Bauer nach vorn. Da traf ihn vor Schrecken fast der Schlag. Das schöne Wirtshaus, in das er gerade hatte eintreten wollen, war verschwunden, so, als wäre es mit einem Mal in den Schlund der Hölle gesunken. Er aber stand unmittelbar vor einem gähnenden Abgrund. Ein Schritt weiter, und er wäre — hätte sein Freund ihn nicht im letzten Augenblick gewarnt — von dem Teufelswerk geblendet in die schwarze Tiefe und damit in den sicheren Tod gestürzt. Leichenblaß und am ganzen Körper zitternd, trat er von dem gefährlichen Ort zurück und bekreuzigte sich ein paar Mal. Dann erzählte er seinem Freund, was sich zugetragen hatte.

»Das soll mir eine Lehre sein«, gelobte er, »ich will fortan ein anständiges Leben führen, daß ich nicht noch einmal in die Klauen des Teufels gerate.«

Er hielt sein Versprechen und wurde ein fleißiger, rechtschaffener Mann. Langsam gewann er sich auch die Achtung seiner Mitmenschen zurück. Zum Dank für seine Rettung und als Mahnung für andere, ließ er auf der Strub, an der Stelle, wo ihm die unheimliche Geschichte widerfahren war, eine Steinsäule aufstellen. Sie trägt die Jahreszahl des Geschehens und eine fromme Inschrift.

Der Tote Mann

Es ist schon sehr lange her, da wollte ein Wanderer den 1388 Meter hohen bewaldeten Bergrücken zwischen Berchtesgaden und Ramsau überqueren. Es war erst Anfang März, und der Schnee lag überall noch so hoch, daß von den Bäumen stellenweise nur die Wipfel zu sehen waren.

»Geh nicht«, warnten die Einheimischen den Mann, »im Winter ist dieser Weg zu gefährlich. Du wirst nicht über den Berg kommen!«

Aber der Fremde hatte nicht auf sie gehört. Jetzt, nachdem er schon einige Stunden unterwegs war, bedauerte er es, ihre Worte in den Wind geschlagen zu haben, denn der Marsch wurde immer beschwerlicher. Er mußte sich jeden Schritt vorwärts mühsam erkämpfen. Doch es war schon zu spät, um

noch umzukehren. Er sank bis zu den Hüften im Schnee ein und es kostete ihn viel Kraft, den Fuß jedesmal herauszuziehen, nur um beim nächsten Schritt erneut so tief einzusinken.

Er wurde zusehends müder und matter. Immer öfter blieb er stehen, um zu verschnaufen. Endlich lehnte er sich an den Wipfel einer Fichte, die aus dem Schnee ragte, und dachte:

»Ich kann nicht mehr. Hier will ich ein Weilchen bleiben und rasten.« Er setzte sich in den Wipfel, zu müde, auch nur einen Finger zu bewegen.

»Ich will nur kurz verschnaufen«, ermahnte er sich selbst, »ich darf unter keinen Umständen einschlafen, sonst muß ich erfrieren.«

Er bemühte sich verzweifelt, die Augen offen zu halten, doch der Schlaf blieb Sieger über den Ermatteten und ließ ihn Kälte und Gefahr vergessen. —

Der Frühling hielt seinen Einzug im Berchtesgadner Land. Als es Pfingsten geworden war und der Schnee nach dem langen, strengen Winter endlich geschmolzen war, gingen zwei junge Jäger auf die Pirsch. Sie nahmen den Weg, der über den Bergrücken nach Ramsau führt.

»He, was ist denn das«, flüsterte der eine Bursche plötzlich und wurde ganz grün im Gesicht.

»Was hast du, ist dir nicht gut?« forschte der andere und unterbrach sein fröhliches Pfeifen. »Du siehst ja aus wie ein Gespenst!«

Wortlos, mit zitternden Fingern deutete sein Kamerad auf den Wipfel einer schönen dichten Fichte. Dort saß — grausig anzusehen — regungslos und starr ein Mann im Geäst. Zerfetzt flatterten seine Kleider im Wind. Es war der Wanderer, der im Winter hier Rast gemacht hatte und erfroren war. Schweigend bargen die Jäger den Toten und brachten ihn ins Tal. Unter großer Anteilnahme der Bevölkerung wurde der Unglückliche bestattet. Seit dieser schaurigen Begebenheit trägt der Bergrücken zwischen Ramsau und Berchtesgaden den Namen: Toter Mann.

Geisterspuk in Ställen und auf Almhütten

Einst wurde die Vogelhütte von einer Sennerin bewirtschaftet, die ein sehr sündhaftes Leben führte. Als sie gestorben war, mußte sie deshalb bei der Hütte umgehen. Darunter hatten manche ihrer Nachfolgerinnen arg zu leiden. Immer wieder berichteten diese von spukhaften Erscheinungen, von denen sie erschreckt worden seien. So soll des öfteren vor der Hütte die Stimme der Verstorbenen zu hören gewesen sein, wie sie laut rief. Doch sobald eine der Sennerinnen herausschaute, war nichts zu sehen. Der Geist der Unseligen brachte auch die Kühe durcheinander, klopfte in der Nacht mit einem Bergstock gegen die Hüttenwände oder verursachte grundlos mit den Kuhglocken einen Höllenlärm. Auch in der Küche trieb er sein Unwesen und warf das Geschirr durcheinander, so daß es die Sennerinnen häufig zerbrochen vorfanden, obwohl keine von ihnen in dem Raum gewesen war.

Auch bei einem Bauern in Gern war es nicht geheuer. In seinem Kuhstall trieb ein böser Geist sein Unwesen und brachte die Tiere dazu, anstatt des Futters Streu oder Mist zu fressen. Mehrmals versuchte der Bauer, ihn austreiben zu lassen, aber es war vergebens. Wie es heißt, soll der Fluch einer Dienstmagd, die er entlassen hatte, an seinem Unglück schuld gewesen sein.

In Bischofswiesen mußte einst ein Bauer sein gesamtes Vieh verkaufen, weil es in seinen Ställen spukte. Dort wurden die Tiere jede Nacht wild umhergetrieben, so daß sie vor Angst brüllten und am nächsten Morgen ganz verstört waren.

In Strub lebte einmal ein Hirte, der den lieben langen Tag schimpfte oder gotteslästerlich fluchte. Zudem war er ein sehr liederlicher Geselle. Einmal, so wird erzählt, fand er auf dem Weg einen Fausthandschuh. Neugierig hob er ihn auf und schaute hinein. Da erblickte er darin drei schwarze Schnecken, die zu seinem Entsetzen immer größer und größer wurden. Entsetzt ließ er den Handschuh fallen und suchte schleunigst das Weite. Aber das nützte ihm nichts. Von Stund an — so wird berichtet — war es, als würden ihn die gespenstischen Schnecken verfolgen. Wo er auch ging oder stand sah er die unheimlichen Tiere gleich Teufelsfratzen vor sich. Er konnte ihnen nicht entkommen. Da verwirrte sich sein Geist und er war nie mehr ganz richtig im Kopf.

Das Gespenst in der Wimbach-Holzstube

Die Wimbach-Holzstube galt noch bis in die jüngste Zeit als ein unheimlicher Ort, an dem es nicht geheuer war. Es sollte dort ein Mann von riesenhaftem Wuchs sein Unwesen treiben — warum, das wußte keiner zu sagen. Viele Leute aus der Gegend behaupteten steif und fest, sie hätten das Gespenst mit weit ausgreifenden Schritten bei der Hütte umhergehen sehen oder gehört, wie es zu mitternächtlicher Stunde im Wald Steine geklopft habe.

Mitte des vorigen Jahrhunderts schliefen eines Nachts ein paar Holzknechte, die in der Nähe zu tun gehabt hatten, in der Hütte. Es dauerte nicht lange, da wurde mit einem Mal die Türe wie von einem heftigen Sturmwind aufgerissen, und der riesige schwarze Mann stampfte mit schweren Schritten herein. Rücksichtslos drückte er ein paar Männer, die neben der Türe gelegen hatten, an die Wand. Dies erfolgte mit solcher Wucht, daß sie nicht wußten, wie ihnen geschah, und daß sie ganz benommen waren. Die übrigen Holzknechte sprangen beim Eintritt des Unheimlichen in wilder Angst zum Fenster hinaus und entflohen.

Ein anderes, nicht minder gruseliges Erlebnis hatte einmal ein junger Jäger namens »Gabei«. Er lachte nur über die Geschichten, die über den Geist erzählt wurden und glaubte nicht ein Wort davon.

»Alles nur Lügen«, behauptete er, »ihr Holzknechte wollt bloß andere davon abhalten, in der Hütte zu übernachten, weil ihr sie für euch allein haben wollt!«

»So schlafe doch selbst einmal darin, dann wirst du schon merken, daß es dort spukt«, wehrten sich die Angeschuldigten entrüstet, »der Geist wird dir schon heimleuchten!«

»Oder ich ihm«, lachte der Jäger übermütig. »Wenn er sich bei mir blicken läßt, dann ergeht es ihm schlecht. Ich werde ihn aus der Hütte jagen, daß er das Wiederkommen ein für allemal vergißt!«

Wie abgemacht, legte sich Gabei am nächsten Abend im Schlafraum der Hütte »Hoß« genannt, nieder und harrte der Dinge, die da kommen sollten. Lange Zeit ereignete sich nichts.

»Der Geist traut sich wohl nicht her zu mir!« spottete der Jäger. »Freilich, das wird auch besser für ihn sein!«

Der Jäger wurde müde und schlief endlich ein. Als es Mitternacht wurde, brach plötzlich — gleichsam aus dem Nichts — ein wilder Lärm los. Unsichtbare Kräfte schlugen und polterten mit solcher Wucht gegen die Hütte, als wollten sie diese zertrümmern. Gleichzeitig ertönte eine Stimme, so unheimlich, daß sie dem Jäger kalte Schauer über den Rücken jagte:

»Jäger auf der Hoß, geh' runter und kost!«

Der Mann wollte aufspringen und davonlaufen. Aber zu seinem größten Entsetzen, verweigerten ihm seine Glieder den Dienst. Er vermochte es nicht, auch nur den kleinsten Finger zu rühren. Steif und starr lag er da, so als sei er mit unsichtbaren Ketten an den Boden gefesselt. Er mußte in der Hütte ausharren und in grenzenloser Angst auf das Ende des Spukes warten.

Am nächsten Morgen, als die Sonne aufging, waren die Mächte des Bösen endlich gebrochen. Der Jäger konnte wieder aufstehen und die Hütte verlassen. Wie es heißt, hat er aber nie mehr in der Wimbach-Holzstube übernachtet. Auch seine großmäuligen Sprüche ließ er künftig sein.

Der Spuk in der Englert-Holzstube

In der Englert-Holzstube zwischen Hintersee und Hirschbichl gingen früher sonderbare Dinge vor sich. Einmal saßen dort ein paar Straßenarbeiter gemütlich beisammen und spielten Schafkopf. Es war aber ein Quatemberfreitag, an dem damals das Kartenspielen eigentlich nicht erlaubt war. Die Männer waren ganz in ihr Spiel vertieft und dachten an nichts Böses, als plötzlich die Hüttentüre mit einem Ruck aufgerissen wurde, und ein eiskalter Wind durch das ganze Zimmer fuhr. Erschrocken hielten sie inne. Es geschah aber nichts weiter. Da schlossen sie die Türe wieder und spielten weiter. Nach kurzer Zeit wurde die Türe abermals wie von Geisterhand geöffnet, und diesmal wehte ein heißer Luftzug durch die Hütte. Kopfschüttelnd machten die Männer sie wieder zu, berieten sich eine Weile wegen der seltsamen Vorfälle, spielten aber dann doch weiter.

Da öffnete sich die Türe ein drittes Mal, und es fegte ein noch kälterer Wind als das erste Mal durch alle Ritzen der Hütte. Nun bekamen es die Männer mit der Angst zu tun, hörten mit dem Schafkopfen auf und steckten die Karten weg. Im gleichen Augenblick hörte der Spuk auf.

Josef Irlinger — ein Holzschnitzer aus Ramsau — erzählte vor 50 Jahren ein Erlebnis, das er in der Englert-Holzstube gehabt hatte, als er noch jung war:

»In der Englert-Holzstube habe ich auch einmal eine Geistergeschichte erlebt. Es ist ja allgemein bekannt, daß es dort geistert. Ich arbeitete damals auf der Straße und machte etwas früher Feierabend, da ich vom Regen völlig durchnäßt war. In der Stube machte ich mir Feuer, hing meine Kleider zum Trocknen auf und ging daran, mir mein Abendessen zu kochen. Plötzlich hörte ich Tritte. Es ging die Türe auf und vor mir stand ein Herr, der mich fragte, ob er hier bleiben und vielleicht übernachten könne. Er habe sich im Nebel etwas verirrt und außerdem hätte ihn der Regen patschnaß gemacht, so daß er um Unterkunft sehr froh wäre.

Ich schaute ihn von oben bis unten an, ob es denn doch kein Geist wäre; denn ich war darauf gefaßt, als ich die Schritte vernahm.

‚Ja‘, sagte ich, ‚es is halt a oafache Holzstub'n.‘

‚Das macht nichts‘, meinte er, ‚besser das einfachste Nachtlager, als nochmals verirren und bei dem Hundewetter im Freien übernachten.‘

Nun führte ich ihn herum, worauf er recht zufrieden war. Bis halb 10 Uhr haben wir uns die Zeit mit Geplauder vertrieben. Er wußte viel zu erzählen von seinen Reisen. Auch ich habe nicht gespart mit Geschichten aus Ramsau. Nur die Spukgeschichten von der Englert habe ich ihm verschwiegen. Wir verspürten beide eine angenehme Müdigkeit; er von seiner Wanderung und ich von der schweren Straßenarbeit. Ich führte ihn zur ‚Bogarad‘, richtete ihm sein Lager so gut es ging und legte mich etwas weiter weg, damit ihn nicht etwa durch Schnarchen in seinem Schlaf störte. So lagen wir eine Zeitlang in Ruhe, als ich schon hörte, wie der Geist sich unten meldete. Im ‚Bidara‘ hat er sich ‚umdraht‘.

Jetzt kommt er, hab ich mir gedacht und schon trappt er über die Stiege, faucht der Holzwand entlang, streicht wie ein eiskalter Windhauch über uns weg, wieder zurück, treppab und wieder herauf, als wenn er einen Ausweg suchte, fegt nochmals wie ein schwüler, drückender Luftzug an uns vorüber und verschwindet dann unter Geächz, wo er hergekommen war. Jetzt schreit der Herr:

‚Kamerad, Kamerad, haben Sie es bemerkt, er hat sich zu mir gelegt.'

‚A was, da hab'ns halt tramt', sagte ich, um ihn zu beruhigen. Er ließ sich aber nicht überzeugen.

‚Nein, nein, ich war vollständig wach. Machen Sie doch Licht, dann kann er uns nichts anhaben', meinte er.

Ich erfüllte seinen Wunsch, erklärte ihm aber gleich, daß ich es nicht lange brennen lassen könne, da es zu gefährlich sei, wenn uns beide der Schlaf übermannt. Mir war selber nicht ganz wohl bei der Erscheinung; jedoch durfte ich mir nichts anmerken lassen, mußte im Gegenteil meinen Schlafgefährten noch aufmuntern. Nach einiger Zeit löschte ich das Licht wieder aus. Aber es dauerte nicht lange, als sich der Geist wieder meldete.

‚Kamerad, Kamerad, hören Sie es, hören Sie es', rief der Herr, ‚kommen Sie doch zu mir!'

Ich legte mich ganz in seine Nähe und wunderbarerweise wurde es still, ganz still und der Spuk war aus.

Am andern Morgen wurde geplaudert über die Gespensternacht und der Herr konnte mir nicht genug danken über meine gelassene Ruhe.

‚Wenn ich aber gewußt hätte, daß es in der Bude geistert, hätte ich lieber im Wald unter einem Baum übernachtet.' Mit diesen Worten verabschiedete er sich von mir.«

Der Wilderer und die Geister

Noch eine andere Geschichte erzählte Josef Irlinger über die Englert-Holzstube:

»Ich selbst habe in der Holzstube keinen Geist mehr gehört; aber der alte, verstorbene Trübenbacher wollte einmal zum Gamsjagern gehen. In der Englert hat er Rast gemacht um das Aufgehen des Mondes abzuwarten. Er wußte den Schlüssel und begab sich in die Stube, wo er sich auf der Bank langlegte. Auf ‚ja und na' wurde es licht und drei Männer kamen herein. Der eine hatte einen Geldsack, der andere ein Buch und der dritte ‚Schichtenzettel'. Ohne ein Wort zu sagen, setzten sie sich an den Tisch und blickten dem Trübenbacher unverwandt ins Auge. Ihr Blick war mild und so hatte er keine Furcht, wollte sogar mit den Dreien ein Gespräch anfangen; denn es waren ihm bekannte verstorbene Holzmeister. Jedoch er konnte kein Wort reden.

Die drei gingen bald wieder lautlos von dannen. Der Trübenbacher stand auf und als er hinaustrat vor die Türe, da schaute der Mond vom nächtlichen Himmel zu ihm herab, als wollte er sagen: Gel, jetzt ist dir s'Wildern vergangen!

Und es war so. Der Trübenbacher sperrte die Türe zu, nahm seine Schritte nach Hause und dachte bei sich: Vielleicht bin ich einem Unglück entgangen.«

Die wilde Jagd

In manchen Nächten erhebt sich plötzlich, wie es scheint ohne Grund, ein furchterregender Orkan. Er braust durch die

Wälder und läßt sie ächzen und stöhnen, reißt Felsbrocken aus den Bergen und schmettert sie ins Tal und peitscht das Wasser in den Seen zu haushohen Wellen auf.

Inmitten dieser Naturgewalt aber rast — so raunen die Alten — die wilde Jagd. Voraus stürmt der finstere wilde Jäger, gefolgt von bewaffneten, geisterbleichen Männern in schimmernden Rüstungen und von hexenartigen Weibern in altmodischen Gewändern. Begleitet werden sie von einer Meute lärmender Hunde und von zahllosen, schauerlich heulenden Nachtvögeln. Meistens hetzen sie unbarmherzig ein Geisterpferd oder ein koboldartiges Holzweiblein, das sie, sowie sie seiner habhaft werden, in Stücke reißen und verschlingen.

Die höllischen Mächte, die zwar den größten Teil des Jahres in den Abgründen der Unterwelt angeschmiedet sind, werden zu bestimmten Zeiten freigelassen, und können ihr Unwesen auf der Erde treiben. Besonders gefährlich ist es von Allerheiligen über die Weihnachtszeit bis Hl. Dreikönig. Aber auch sonst, unterm Jahr, ist man nicht sicher vor den unheimlichen Gesellen. Wehe dem Menschen, der den Weg des wilden Geisterheeres kreuzt! Wenn er nicht weiß, wie er sich in dieser Gefahr richtig verhalten muß, wird er ergriffen, mitgerissen und solange in einem tollen Wirbel durch die Lüfte mitgeschleppt, bis auf Erden das Gebetläuten anhebt. Dann erst bricht die Macht der Geister und sie müssen ihr armes Opfer freigeben. Sie lassen es meist einfach dort fallen, wo sie sich gerade befinden, ganz gleich, ob über Berg oder Tal, über Wald oder See. Es heißt, viele seien von solch einer wilden Fahrt nicht mehr lebendig zurückgekehrt, andere hätten nach ihrem schrecklichen Abenteuer mit dem Geisterheer ihr Lebtag lang nicht mehr froh werden können.

Einst machte sich ein Bursche aus dem Berchtesgadner Land nach einer Feier erst spät in der Nacht auf den Heimweg. Es war zur Weihnachtszeit, und tiefer Schnee lag über-

all. Plötzlich vernahm er ein unheimliches Brausen in der Luft, das alles ringsum erzittern ließ.

»Das ist die wilde Jagd«, fuhr es ihm erschrocken durch den Sinn, und er erinnerte sich all der Warnungen vor diesem Geisterspuk, die er gehört hatte. Er zögerte keinen Augenblick und warf sich zu Boden, ohne auf sein Festgewand zu achten. Hände und Füße legte er kreuzweise übereinander, drückte sein Gesicht auf die Erde und murmelte ein Stoßgebet nach dem anderen, kurz, er tat alles, was man in einem solchen Fall tun muß.

Und es war keinen Augenblick zu früh gewesen. Starr vor Schrecken hörte er unmittelbar darauf den wilden Jäger und seine Meute über sich hinwegbrausen. Wütendes Hundegebell, schrilles Wiehern, schauerliches Heulen, unheimliches Kettengerassel, furchtbare Schreie vermischt mit dem Rasen des Sturmes erfüllten die Luft.

Der Bursche lag an die Erde gepreßt und wagte nicht, sich zu rühren, auch nicht, als der höllische Spuk schon längst über ihn hinweggetobt war. Er wußte, daß er sein Leben nur seiner Geistesgegenwart zu verdanken hatte, mit der er ihm Augenblick der Gefahr das Richtige getan hatte. Immer noch murmelte er Gebete, auch als er sich nach langer Zeit endlich aufraffte und den Heimweg fortsetzte.

Das Entsetzen aber saß ihm noch so tief in den Knochen, daß er wie ein Betrunkener wankte. Als er zu Hause ankam, erschraken seine Angehörigen über sein geisterbleiches, verstörtes Gesicht und seinen schwankenden Gang. Da erzählte er ihnen, was ihm zugestoßen war.

Nie in seinem Leben jedoch vergaß er diese grauenvolle Begebenheit und er hütete sich fortan, in den gefährlichen Nächten das schützende Haus zu verlassen.

Die stumme Zither

An einem Weihnachtsfest vor vielen, vielen Jahren saß ein Jäger in seiner Hütte, die ganz hinten im Wimbachtal gelegen war. Er schaute zum Fenster hinaus auf den tiefen Schnee, der alles ringsum zugedeckt hatte.

»Eigentlich müßte ich mich jetzt auf den Weg nach Ramsau machen, daß ich rechtzeitig zur Mette komme«, überlegte er, »aber ich habe keine Lust dazu. Nur weil Weihnachten ist, soll ich stundenlang durch den Schnee stapfen, um dann in der eiskalten Kirche dem Pfarrer zuhören zu müssen! So dumm bin ich nicht. Da weiß ich mir schon etwas Besseres für den heutigen Tag.«

Er legte im Ofen ein paar Scheite nach, daß die Funken sprühten und das Feuer prasselte und die Stube so richtig gemütlich warm machte. Dann bereitete er sich ein kräftiges Essen und verzehrte es in Ruhe. Anschließend holte er sich seine Zither von der Wand und musizierte. Er übte Tanzlieder für den nächsten Fasching, sang Schnadahüpfeln dazu und spielte so lustig auf, als sei er auf einem Maskenball. An das Weihnachtsfest dachte er gar nicht mehr. Als er müde wurde, hängte er seine Zither wieder auf, löschte die Kerzen und legte sich auf die Ofenbank zum Schlafen.

Aber er konnte keine rechte Ruhe finden. Immer wieder suchten ihn wirre Träume heim, aus denen er mit vor Angst klopfendem Herzen aufschreckte und oft lange nicht mehr einschlafen konnte. Als er wieder einmal halb erwacht war, hatte er ein seltsames Erlebnis. Es war ihm, als sei die Stube plötzlich ganz hell erleuchtet. Verwundert wollte er aufstehen, weil er glaubte, er hätte vergessen, die Kerzen auszulöschen. Da sah er vor sich eine wunderschöne Frau mit glänzenden Haaren stehen. Sie blickte ihn aus traurigen Augen an und hob mahnend den Finger. Gleichzeitig ertönte von seiner Zither her ein leiser, klagender Laut.

Noch ehe er sich von seinem Erstaunen erholt hatte, war alles vorüber, und er wußte nicht, ob er geträumt hatte oder ob sich alles wirklich so zugetragen hatte. Er legte sich wieder nieder, aber das Herz in seiner Brust war ihm auf einmal schwer wie Blei. Abermals suchten ihn schlimme Alpträume heim, und er war froh, als endlich der Morgen graute, und die schreckliche Nacht ein Ende hatte.

»Was man manchmal für merkwürdiges Zeug träumt«, sagte er kopfschüttelnd, »mir war gerade so, als hätte ich alles wirklich erlebt.«

Müde und zerschlagen stand er auf und wollte sich sein Frühstück zubereiten.

»Warum wohl die Zither in der Nacht geklungen hat«, überlegte er nachdenklich, »vielleicht ist die Hütte undicht, und der Wind ist über ihre Seiten gestrichen!«

Er warf einen Blick auf das Musikinstrument. Da fuhr im ein solcher Schrecken in die Glieder, daß ihm die Beine den Dienst versagten und er sich setzen mußte. Die Saiten der Zither waren dicht von feinem, leuchtend hellem Haar durchwoben, von der gleichen Art, wie es die Frau besessen hatte, die er in der Nacht gesehen hatte. Das seltsame Gespinst war derart fest, daß kein Mensch es hätte lösen können, auch wenn er tagelang nichts anderes getan hätte, als zu versuchen, es zu entwirren.

»Dann war die Erscheinung echt und keine Einbildung!« flüsterte der Jäger, blaß bis an die Lippen.

Er nahm sich dieses Erlebnis sehr zu Herzen. Aus dem leichtlebigen, gedankenlosen Burschen wurde über Nacht ein nachdenklicher, verantwortungsbewußter Mann. Er gewann die Achtung seiner Mitmenschen und lebte noch lange Jahre als hochgeschätzter Bürger in ihrer Mitte. Seine Zither konnte er nie mehr benützen, aber er ließ sie, so wie sie war, mit dem Goldhaar versponnen, als mahnendes Zeichen in seiner Stube hängen. Nie mehr versäumte er künftig eine Christnachtsmette, auch nicht, als er schon ein hochbetagter Mann war.

Der bekehrte Wilderer

Der Moar vom Sachenbacher ging gerne heimlich auf die Pirsch. Noch keinem Jäger war es gelungen, ihn zu stellen. Die Weihnachtszeit kam heran, und einen Tag vor dem Fest vertraute er einem Freunde an, daß er in der Christnacht zum Wildern gehen wolle, weil da sicher kein Jäger auf der Lauer läge, und er gewiß gute Beute machen würde. Aber es kam anders, als er geglaubt hatte. Wohl begegnete ihm kein Jäger, aber als er auf dem Untersberg einige Hirsche ausgemacht hatte und schießen wollte, begannen diese — wie er später erzählte — so unheimlich zu röhren, daß ihn eine plötzliche Todesangst, wie er sie noch nie verspürt hatte, erfaßte. Ohne einen Schuß getan zu haben, lief er nach Hause, nachdem er versprochen hatte, das Wildern ganz aufzugeben, wenn er nochmals mit dem Leben davonkäme.

Die sprechenden Tiere

Der alte Volksglaube, wonach die Tiere in der Hl. Nacht in menschlicher Sprache reden können und die Zukunft voraussagen, war auch im Berchtesgadner Land lebendig. Ein Bauer wollte die Probe aufs Exempel machen. An einem Weihnachtsabend, als seine Familie mit dem Gesinde in der Mette war, schlich er sich in seinen Stall und legte sich zwischen die Tiere.

Lange wartete er voller Spannung, doch es ereignete sich nichts Außergewöhnliches. Endlich, als die Glocken der nahen Kirche die Wandlung einläuteten, ging mit einem Mal ein seltsames Raunen durch den Stall. Die Tiere wurden unruhig, stampften mit den Hufen und klirrten mit den Ketten. Dann hörte der neugierige Lauscher, wie eines seiner Pferde schnaubte und traurig zu einem anderen sprach:

»Ja, ja, heute übers Jahr haben wir unseren Herrn auch schon auf den Gottesacker gefahren.«

Der Bauer erschrak fast zu Tode über diese Worte. In wilder Flucht verließ er den Stall. Er nahm sich vor, keinem Menschen zu sagen, was geschehen war. Ganz verstört schlich er einige Tage herum, bis er sich dann doch seiner Frau anvertraute. Auch sie erschrak sehr, faßte sich aber und tröstete ihren Mann. Sie erklärte, daß er sicher nur einen Denkzettel für seine Neugier verpaßt bekommen habe, und daß an der ganzen Sache sonst nichts Wahres sei. Da beruhigte sich der Geängstigte ein wenig.

Es war aber noch kein Jahr vergangen, da kam der Bauer bei einem sonderbaren Unglücksfall ums Leben. Er wurde von einem herabfallenden Bild erschlagen. Die Tiere hatten also doch die Wahrheit gesprochen.

Der widerspenstige Schlitten

Früher war es nicht erlaubt, am Tag vor Heilig Dreikönig, der gewissermaßen noch zu den Rauhnächten zählte, schwere

Arbeit zu verrichten. Der Bauer Philipp Hölzl aber, der um 1778—1800 auf dem Obersalzberg bei Berchtesgaden lebte, mißachtete einmal dieses Verbot. Er fuhr am Nachmittag des 5. Januar mit seinem Schlitten zum Klingeckkopf hinauf, um von dort Holz zu seinem Hof zu schaffen. Als er nach stundenlanger Arbeit alles aufgeladen hatte, machte er sich gegen Abend auf die Rückfahrt.

Diesen Heimweg aber sollte er seiner Lebtag nicht mehr vergessen! Der Schlitten benahm sich, als sei er ein lebendiges Wesen. Er bockte und verweigerte dem Bauern den Gehorsam. So sehr sich dieser auch plagte, zog, zerrte und schob, er brachte das Gefährt nur mit äußerster Mühe ein wenig voran, obwohl es steil bergab ging und der Schlitten sonst an der gleichen Stelle kaum zu bremsen war.

Als er ihn endlich im Schweiße seines Angesichtes bis zur nächsten Steigung geschleppt hatte, lief er dort fast von alleine hinauf, so rasch, daß der Hölzl kaum mitkam.

»Das geht doch nicht mit rechten Dingen zu!« dachte der Bauer und war sehr erschrocken über das widernatürliche Verhalten des Schlittens, das sich beim nächsten Gefälle und der nächsten Steigung abermals wiederholte. Da fiel ihm mit einem Mal ein, daß ja die letzte Rauhnacht war. Kalter Schweiß brach ihm aus allen Poren, als er sich daran erinnerte, was ihm heute alles zustoßen konnte, besonders wenn er der wilden Jagd in die Hände fallen würde.

»Wenn ich noch einmal gut nach Hause komme, so will ich nächstes Jahr von Weihnachten bis Maria Lichtmeß neun große Kerzen abbrennen!« gelobte er in seiner Angst. »Nie mehr werde ich an einem Festtag arbeiten!«

Und siehe da, kaum hatte er das Versprechen gegeben, lief der Schlitten wieder wie es sich gehörte, bergab schnell, bergauf langsam. Wohlbehalten langte der Bauer samt seinem Holz zu Hause an.

Er hielt, was er gelobt hatte. Seither wurden jedes Jahr auf dem Oberwurflehen — das war sein Hof — in der genannten Zeit neun Kerzen, eine davon 1 Pfund schwer, zwei zu ¾ Pfund, zwei zu ½ Pfund und vier zu ¼ Pfund angezündet und erhellten die langen Winternächte. Auch seine Nachkommen achteten das Versprechen und führten den Brauch durch Jahrhunderte hindurch fort.

Das Berchtenlaufen

Das Berchtenlaufen am Vorabend von Hl. Dreikönig war im Salzburgischen Gebirge ein alter Volksbrauch, der besonders in der Engedey gepflegt wurde. Die Burschen des Ortes zogen sich furchterregende Teufelsmasken an oder verkleideten sich als schöne Berchteln. Mit Rasseln, Ketten oder Kuhglocken zogen sie lärmend durch das Dorf und trieben allerlei Schabernack.

Der Sage nach soll einmal ein Bergknappe aus Gastein, der gehört hatte, daß das Berchtenlaufen besonders lustig sei, wenn man 14 Tage lang weder gebetet habe noch zur Kirche gegangen sei oder das Kreuzzeichen gemacht habe, diesem üblen Rat gefolgt sein.

Und tatsächlich, beim Berchtenlauf konnte er so hohe Sprünge tun wie sonst nie, gleichsam, als wären ihm Flügel gewachsen. Das gefiel ihm und in seinem Übermut sprang er auf den Brunnen des Ortes und von dort mit einem Satz auf das Dach eines Hauses. Dann aber wurde er von unbekannten Kräften emporgehoben, und schwebte zum Entsetzen der Zuschauer über die Wipfel der Bäume davon.

Aufgeregt liefen die Leute zum Pfarrer und berichteten ihm das Vorgefallene. Dieser nahm rasch den Weihwasserkessel, rannte dem Knappen nach und rief ihm Segenssprüche zu. Da verloren die höllischen Mächte ihre Gewalt über ihn, und der zu Tode erschrockene Knappe fiel auf die Erde zurück.

Der Schemel aus neunerlei Holz

Es heißt, daß man einen Blick in die Hölle tun kann, wenn man sich einen Schemel aus dem Holz von neun verschiedenen Bäumen fertigt. Folgende Arten soll man dazu verwenden: Eibe, Lärche, Föhre, Fichte, Tanne, Latsche, Zirbel, Sandel und Wacholder. Alle diese Hölzer müssen in der Walpurgisnacht gesammelt und in der Thomasnacht zugeschnitten werden. Dabei darf man sich nur der linken Hand bedienen. Zusammensetzen darf man ihn erst in dem Augenblick, in dem man ihn braucht.

Ein Bursche aus dem Berchtesgadner Land wagte einmal den Versuch. Er richtete sich alles, was er dazu benötigte genau nach der Anleitung her und begab sich in einer Christnacht auf die Hanserer-Brücke. Schlag 12 Uhr setzte er geschickt den Schemel zusammen und schaute durch das Handloch.

Wie er später erzählte, sah er genau in die Hölle hinein und erblickte dort viele Edelleute und auch Bettelleute. Arbeiter waren kaum dort. Genaueres konnte er nicht ausmachen, weil die Teufel wütend herauskamen und ihn bedrohten. Er mußte rasch den Schemel von der Brücke ins Wasser werfen, um sie abzulenken. Dann suchte er so schnell er konnte das Weite. Der Bursche behauptete, dies alles hatte sich zugetragen, noch während die Kirchturmuhr ihre zwölf Schläge tat.

Die Pestsäule am Soleleitungsweg

Am Soleleitungsweg bei Ilsank, dort, wo die Abzweigung zum herrlich gelegenen Schoberlehen führt, steht eine verwitterte Steinsäule mit einem Bild der Gottesmutter mit dem Jesuskind.

Frau H. und Frau B. erzählten mir darüber, daß in jenen Zeiten, als die Pest das Berchtesgadner Land heimsuchte und mit ihrem Giftatem ganze Dörfer und Gehöfte entvölkerte, ein Bauer aus Ilsank versprach, eine Gedenksäule zu errichten, wenn seine Familie und sein Hof von der schrecklichen Seuche verschont bleiben würden.

Und wirklich, an der Stelle, wo sich heute die Säule befindet, kam die Pest zum Stillstand und zog nicht weiter den Berg hinauf. Da ließ der Bauer — seinem Gelübde gemäß — dort den Gedenkstein setzen.

Im Berchtesgadner Land sind noch viele solcher Pestsäulen zu finden, beispielsweise in der Schönau und in Marktschellenberg.

Die Bachmannkapelle

Wer von Ilsank aus zum Söldenköpfl hinaufwandert, kommt an einem Wiesenhang vorüber, an dem oben eine kleine Kapelle steht. Sie schützt eine Gruppe fast lebensgroßer Figuren, die Schmerzenhafte Muttergottes mit ihrem Sohn, sowie die Eltern Mariens, Mutter Anna und Vater Joachim, vor den Witterungsunbilden. Auch einige Heiligenbilder, die später dazugestellt wurden, sind darin enthalten. Die Kapelle ist vorne offen und bietet einen wunderschönen Ausblick auf den Hochkalter und den Watzmann. Sie heißt heute noch »Bachmannkapelle«, weil sie ehemals zum nahegelegenen Bachmannlehen gehörte. Wie mir die Bewohner der umliegenden Gehöfte erzählten, soll ihre Entstehung auf das Gelübde eines Bauern zurückgehen, das dieser in einer schweren Notzeit abgelegt habe. Genaueres konnte ich leider nicht mehr in Erfahrung bringen.

Die Butterspende

Vor langer Zeit gehörte die Alpe Kaltbrunn, die wie eine grüne Halbinsel am Rand des Steinernen Meeres liegt, etwa dreißig Bauern, die größtenteils aus Ramsau und Weißbach stammten. Eines Tages brach eine schreckliche Seuche über ihre Herden herein und raffte viele Tiere dahin. In ihrer Not machten die Bauern das Gelöbnis, wenn ihr restlicher Viehbestand verschont bleiben würde, wollten sie alle zusammenhelfen und aus Dankbarkeit jedes Jahr »am hohen Frauentag einen respektablen Butter nach Weißbach tragen, zu Nutz und Freude des jeweiligen Pfarrherrn«.

1929 wurde diese Butterspende in der »Bergheimat« beschrieben:

»Und so ist es auch heuer wieder geschehen. Unter den kunstfertigen Händen der Bäuerin zu Hinterstöckklaus entstand ein herrliches Gebilde. Der Sockel wie ein schön geflochtener Weidenkorb, das Mittelstück wie gehäufte Wolle, ringsherum eine Galerie aus Butterbuchstaben: ‚Nimm an, o Herr, die Gabe, und segne unsere Alp', als Krönung schließlich ein bis ins kleinste ausgeführtes Meßbuch und darauf ein herziges Lamm mit Fahne. Das Ganze mit Edelweiß, Nebelrosen, Rosmarin und Nelken almerisch verziert. Und das Gewicht! Rund 23 Kilogramm!«

Bis in die jüngste Zeit hat sich dieser Brauch erhalten.

Der Wassergeist in der Gjoadwand

Ein Felsen, der am Soleleitungsweg bei Berchtesgaden liegt, wird »Gjoadwand« genannt. Dort befindet sich eine Quelle, die zu bestimmten Zeiten fließt, zu bestimmten Zeiten aber verschwunden ist, und in die — laut Sage — ein Wassergeist gebannt ist. Wenn das Wasser verschwunden war, riefen die Leute früher in den Felsspalt hinein:
»Gjoad, Gjoad, laß den Schuß los!« oder »Jaik, Jaik, laß den Schuß los« was so viel bedeutet wie: »Lasse das Wasser wieder fließen!« Der Sagenforscher Friedrich Panzer erklärte 1848 dazu:

»Lange hindurch muß der Glaube geherrscht haben, der Geist des Wassers könne den Fluten gebieten, aus den heilig gehaltenen Bergen hervorzubrechen und ringsum alles zu zerstören. Könnten die Fluten aus der Gjoadwand brechen, so würde ganz Berchtesgaden überschwemmt werden; aber der Flußgeist ist in den Felsen gebannt und kann den Spott nicht rächen, wenn in die Spalte des Felsens gerufen wird: ‚Jaik! Jaik! laß den Schuß los!‘«

Um ganz sicher zu gehen, beteten die Leute zu früheren Zeiten in der Stiftskirche um Abwendung dieser gefürchteten Naturkatastrophe.

Der Heiratsstein

Der Heiratsstein ist ein großer Felsblock, der an der Straße zwischen Hintersee und Hirschbichl aufragt. Der Sage nach wird derjenige, dem es gelingt, einen schweren Steinbrocken dreimal um ihn herumzuschleppen, im darauffolgenden Jahr heiraten.

Etwas anders wird diese Sage von Max Haushofer in seinem Buch »Alpenlandschaft und Alpensage in den Bayerischen Bergen« erzählt. Er schreibt, daß dasjenige Mädchen, dem es gelingt, bei drei zulässigen Versuchen, einen Stein in das Loch in dem Felsen zu werfen, ein Jahr später heiraten wird.

»Die Sage vom Heiratsstein ist eine von den wenigen Sagen, die durch ganz zuverlässige Zeugen immer und immer wieder bekundet wird, nämlich durch die deutlichen Spuren unzähliger heiratslustiger Geschosse, welche rings um den Heiratsstein sichtbar sind.«

Der Kobold vom Gugelberg

In der Nähe des Hintersees im Berchtesgadner Land befindet sich ein kegelförmiger Hügel auf dem ehemals die heute verfallene Gugelbergalm stand. Der Sage nach haust im Inneren des Berges das sogenannte »Guglbergmanndl«. Das ist ein kleiner Berggeist, der die Wanderer narrt und in die Irre führt und den Leuten auch sonst allerlei Schabernack spielt. Er tut den Menschen aber nichts zuleide. Noch nie ist jemand durch ihn ernstlich zu Schaden gekommen.

Freilich, es wird nur von dem Kobold erzählt, gesehen hat ihn noch niemand. Aber es muß ihn geben, behaupten die

Leute, denn wenn man sich vor den Gugelberg hinstellt und laut hinaufruft

»Guglbergmanndl, wo bist du?«

dann ertönt kein fernes Echo, sondern man vernimmt ganz deutlich die Worte »da bin i, da bin i!«

Die wilden Frauen am Hirschbühel

Nahe Hintersee, am Fuße des Hirschbühels lebten vor Zeiten drei wilde Frauen. Sie verfügten — wie alle Wildfrauen — über geheime Zauberkräfte, taten den Bewohnern des Tales aber nur Gutes, mit Ausnahme von denen, die wegen irgendwelcher böser Taten eine Strafe verdient hatten.

Die Einheimischen konnten die Wildfrauen oft beobachten, wenn sie im »schwarzen Bache«, der an den Höhlen, wo sie hausten, vorbeifließt, weiße »Kindstücheln« wuschen und an hohen Stangen zum Trocknen aufhängten.

Die Berghöhlen, in denen die Wildfrauen gewohnt hatten, wurden seitdem »Frauenlöcher« genannt, auch als diese schon lange verschwunden waren. Sie heißen bis auf den heutigen Tag so.

Wie die Wallfahrtskirche Maria Kunterweg entstand

Von der Ramsauer Pfarrkirche aus führte einst ein schlechter, aber befahrbarer Weg »in die Daubensee«. Er wurde »Kunterweg« genannt, weil häufig Hirten, die Kleinvieh von den Almen trieben, diesen Weg nahmen (Kunter = Kleinvieh). Bei Dunkelheit oder gar des Nachts mieden die Einheimischen den Weg, denn er galt als nicht geheuer. Immer wieder berichteten Leute, die ihn gegangen waren, von gespenstischen Erscheinungen, Teufelsfratzen und ähnlich unheimlichem Spuk.

Um Abhilfe zu schaffen, hängte um die Mitte des 17. Jahrhunderts ein Unbekannter ein Marienbild an einen Felsen, der sich an einer besonders dunklen Stelle des Weges befand. 1690 ließ der damalige Vikar Feichtinger eine Nische in den Felsen schlagen. Am Fest Maria Himmelfahrt des gleichen Jahres brachte er in einer feierlichen Prozession, an der sich fast die ganze Gemeinde beteiligte, eine Muttergottesstatue zu der Nische und stellte sie darin auf. Sie war von Wolfgang Huber aus dem Saghäusl bei Gern geschnitzt worden, der auch das Gnadenbild der Wallfahrtskirche Maria Gern geschaffen hatte. Herr Vikar Feichtinger hatte die Statue von dem Dekan zu Berchtesgaden, Johann Lachenmayr, wie es hieß »auf göttliche Anordnung« hin geschenkt bekommen. Diese Muttergottesstatue ist das heutige Gnadenbild. Seit es in der Nische stand, war es — wie die Legende berichtet — mit dem Höllenspuk vorbei:

»Wegen der Gegenwart dieses wundertätigen Bildes ist gleich eine Sicherheit des Weges und ein Ende dieser fürchterlichen Nachtgesichte bemerkt worden« heißt es in einer alten Chronik.

Nun konnten die Hirten auch bei Dunkelheit ohne Furcht mit ihrem Vieh den Weg passieren. 1708 wurde für das Gnadenbild zum Schutz vor Witterungsunbilden eine kleine Kapelle erbaut. In den Jahren 1731—33 wurde an ihrer Stelle die heutige Rokoko-Kirche Maria Kunterweg errichtet und am 20.9.1733 von Fürstprobst Cajetan Anton Freiherr von Nothaft zu Weißenstein eingeweiht.

Seither gehen zahlreiche Wallfahrer den Weg zur »Kunterwegmadonna«. Sie kommen oft von weit her, bis aus dem Pinzgau, und danken für die Hilfe, die sie von der Gottesmutter in ihren Anliegen erfahren haben.

Die verschobene Kirche

Die Kirche Maria Kunterweg bei Ramsau steht ganz nahe an einem Felsen. Dieser Umstand gab früher Anlaß zu vielen Klagen von Seiten der Bürger, denen das nicht gefiel. Darum berief vor langer, langer Zeit der Bürgermeister von Ramsau eine Versammlung ein.

»Euer Murren nützt ganz und gar nichts«, erklärte er ärgerlich, als er von allen Seiten angegriffen wurde, »ihr hättet euch früher überlegen müssen, daß euch der Platz nicht paßt. Jetzt steht die Kirche nun einmal und läßt sich nicht mehr verschieben!«

»Warum eigentlich nicht?« meinte einer der Bürger. »Wenn wir alle zusammenhelfen, dann müßte es gehen!«

»Jawohl, wir verschieben die Kirche um ein Stückchen! Das ist das Beste!« pflichtete ihm ein anderer eifrig bei, und auch die übrigen Anwesenden stimmten dem Vorschlag begeistert zu.

»Das ist recht und schön, wir müssen aber aufpassen, daß wir sie nicht zu weit verschieben«, gab der Bürgermeister zu bedenken, »sonst rutscht sie uns den Abhang hinunter!«

»Ei, das ist ganz einfach!« rief da ein besonders kluger Kopf. »Ich lege meinen Mantel vor die Kirche, dann können wir daran abmessen, wie weit wir schon geschoben haben!«

Gesagt, getan! Am nächsten Tag stellten sich die Ramsauer hinter das Gotteshaus und schoben und drückten aus Leibeskräften, so daß ihnen der Schweiß aus allen Poren brach, und ihre Gesichter puterrot anliefen. Während sie sich abmühten, ging vor der Kirche ein Handwerksbursche den Kunterweg entlang. Er sah den scheinbar herrenlosen Mantel, den die Bürger zum Abmessen hingelegt hatten, und hob ihn auf. Ohne zu zögern hängte er ihn sich über die Schultern und machte sich davon.

»Wer solch ein gutes Stück derart achtlos herumliegen läßt, der braucht es wohl nicht!« dachte er bei sich.

Als die Ramsauer eine Weile geschoben hatten und beim besten Willen nicht mehr konnten, lief der Bürgermeister nach vorne, um zu schauen, wie weit die Kirche schon gerutscht wäre. Er sah den Mantel nicht mehr und rief voller Freude:

»Genug, genug Freunde! Hört auf! Wir haben es geschafft! Die Kirche steht schon ganz auf dem Mantel. Es schaut kein Stückchen mehr davon heraus!«

Da ließen es die braven Bürger genug sein und gingen zufrieden nach Hause. Seither wird diese »Heldentat« in einem Lied über die Gemeinden des Berchtesgadener Landes mit folgendem Spottvers besungen:

»D' Ramsauer G'meinde, die is bekannt,
weil's d' Kunterwegkirch verschoben hamd!«

Der Schatz an der Antoniuskapelle

Nahe bei der Antoniuskapelle in Hintersee liegt ein kostbarer Schatz vergraben. Niemand kennt den genauen Ort, doch zu bestimmten Zeiten ist an der Stelle, wo er zu finden ist, ein seltsames, helles Licht zu sehen, das behaupteten früher einige alte Leute. Wie es weiter heißt, muß derjenige, der das Glück hat, das Licht zu sehen, sofort seinen Rosenkranz darum herumlegen. Nur so kann er verhindern, daß es wieder verlöscht, bevor er seine Grabwerkzeuge geholt hat.

Bisher ist es aber noch niemandem gelungen, den Schatz zu heben.

Der Wildschütz und die Hexen

Einst hatte ein Wilderer aus dem Berchtesgadner Land ein so gespenstisches Erlebnis, daß er es niemals mehr vergessen konnte. Heinrich Noe berichtet darüber:

»Ein Wildschütz hatte sich so weit vergessen, selbst am Morgen des heiligen Fronleichnam in das Gebirge hinaufzusteigen, um dort seiner Jagdleidenschaft nachzugehen. Als er mitten in den höchsten und gefährlichsten Schroffen drinnen war, sah er plötzlich drei Weibspersonen vor sich stehen. Das kam ihm unheimlich vor; Gewissensbisse über die Entweihung des heiligen Tages stiegen in ihm auf und er eilte, so rasch er konnte, über die steilsten Wände nach der Ramsau hinab, wo er eben noch recht kam, um das Ende der Prozession mit anzusehen. Wie groß war aber sein Entsetzen, als er die Weiber, die er vorhin auf dem höchsten Joch gesehen, hier nebeneinander als Kranzljungfern mit der Prozession gehen sah! Sie waren ihm wohl bekannt; aber er brachte ihre Namen nie über die Lippen.« (Heinrich Noe, Bayerisches Seebuch)

Von Drachen und Beißwürmern

Früher soll es im Berchtesgadner Land äußerst gefährliche Tiere gegeben haben, die Beißwürmer genannt wurden:

»Bergstutzen oder Beißwurm heißt im Volksmunde eine Art Schlange, welche auf Höhen in Salzburg, Unterösterreich und im Traun- und Ennstale gesehen worden sein soll. Man mißt ihr eine Länge von 10 bis 20 Zoll zu, mit der Dicke eines kleinen Armes, stumpfen Schweif und zwei oder vier Füße.

Ein grell zischendes Pfeifen verscheucht die Gebirgsbewohner, welche wähnen, sie schösse mit Blitzesschnelle auf sie hin, und ihr Biß, nach anderen ihr giftiger Hauch oder bloßer Blick, brächte augenblicklichen Tod. Im Jahre 1848 war für die Überbringung eines solchen Exemplares ein Preis von 10 Dukaten bestimmt, erfolglos.« heißt es in einer alten Schrift.

Im Jahre 1779 soll ein Bauer bei Unken auf dem Weg zur Schwarzbachklamm von zwei Beißwürmern angegriffen worden sein und den Tod gefunden haben. Zum Gedenken an dieses schreckliche Ereignis ließen seine Angehörigen damals beim Fuchsbauern eine steinerne Säule aufstellen und brachten eine Votivtafel mit Inschrift darauf an. Auf dem Bild war der am Boden liegende Bauer zu sehen, sowie zwei Beißwürmer mit gespaltenen Zungen, die von einem Hügel herab auf ihn zuliefen.

Um 1804 berichtete ein Wundarzt von Ebensee, er hieß Wattmann, daß im Jahre 1781 ein Bauer beim Rettelstein am Gmunder See einen »Daatzlwurm« geschossen habe. Wie es hieß, habe er das Skelett 5 Jahre lang aufgehoben, dann aber weggeworfen und nur eine Rippe behalten, die er später dem Arzt zeigte. Sie soll sieben Zoll lang gewesen sein.«

Zwischen Mönchs- und Untersberg hauste nach alter Überlieferung ein Drache, der die Bevölkerung der Umgebung in Angst und Schrecken versetzte. Mit unersättlicher Gier verschlang er Menschen und Tiere. Erst als Kirchen gebaut wurden, die den hl. Georg, den Drachentöter, als Patron hatten, verschwand, so berichtet die Legende, der Drache und die furchtbare Plage hatte ein Ende. Noch heute aber erinnert das »Drachenloch« bei Grödig an das Untier.

Vom weißen Gamsbock und von kugelfesten Wilderern

Die Jagd auf Gemsen war von jeher ein gefährliches Unternehmen. Leicht ließ sich der Jäger bei der Verfolgung dieses ungemein gewandten Wildes dazu verleiten, die im Hochgebirge gebotene Vorsicht außer acht zu lassen. Oft kostete einem Jäger ein Fehltritt bei der Gamsjagd das Leben oder machte ihn für immer zum Krüppel.

Es ist kein Wunder, daß die Menschen daher den Gemsen früher eine besondere Bedeutung zumaßen. Sie hielten sie wegen ihres Aussehens mit den schwarzen Rückenhaaren und dem Gehörn und auch wegen ihrer geradezu unglaublichen Behendigkeit und Geschicklichkeit in gefährlichstem Gelände für dem Teufel gehörige Geschöpfe. Besonders um die weißen Gemsen, die sehr selten waren, rankte sich der Aberglaube.

»Die weißen Gemsen gehören natürlich, wie könnte es anders sein, zum bevorzugten Eigentum der Berggeister, und wehe dem, der sich an einer weißen Gemse vergreift. Wer ein solches Geistertier zur Strecke bringt, der stirbt unweigerlich noch vor Jahresablauf eines unnatürlichen Todes.« steht in der »Bergheimat« zu lesen. Weiter heißt es dort:

»Dieser alte Glaube ist neuerlich dadurch wieder besonders lebendig geworden, daß nicht nur der österreichische Kronprinz Rudolf in seinem Todesjahr eine weiße Gemse erlegte, sondern seltsamerweise auch der Thronfolger Franz Ferdinand von Österreich. Franz Ferdinand legte am 7. September 1913 im Gollinger Hochkar einen weißen Gamsbock auf die Decke, und wie seinerzeit Rudolf, so starb auch er, ehe das Jahr um war. Am 28. Juni 1914 fiel er in Sarajewo durch Mörderhand.«

Einer anderen Überlieferung zufolge, soll es mit dem Blut der Gemsen eine besondere Bewandtnis haben.

»Wer das Blut einer Gemse trinkt, der wird kugelfest«, wurde in Wildererkreisen geraunt. Eine andere Möglichkeit, diese begehrte Eigenschaft zu erringen, wird uns in der »Bergheimat« so beschrieben:

»In der Münchner Gamswildschau erregte nun außer dem weißen Gamsbock noch ein anderer Ausstellungsgegenstand die besondere Aufmerksamkeit der Besucher. Es ist eine etwa pfirsichgroße, braunpolierte Kugel, eine ‚Gamskugel' oder ein sogenannter deutscher Bezoarstein. Kugeln dieser merkwürdigen Art sind steinharte Gebilde, die, aus unverdauten Futterresten und Haaren zusammengeballt, sich gelegentlich im Magen der Gemsen, aber auch der Steinböcke und Pferde vorfinden. Selbstredend sind diese Gamskugeln ein willkommener Gegenstand des Aberglaubens. Die Kugelform legte nahe genug, daß Teilchen vom Bezoarstein, unter das Kugelblei gemischt, zielsichere Kugeln ergeben mußten, oder aber, anders benutzt, den Mann kugelfest machten. Der fremdartige Ausdruck Bezoar wird von dem persischen padsahr abgeleitet, das soviel wie Gegengift bedeutet.«

Man kann sich vorstellen, daß solche Gamskugeln unter den Wilderern für teures Geld gehandelt wurden.

Die drei Brüder auf der Reiteralpe

Einst lebte auf einem Hof in Reit, das zwischen Unken und Lofer liegt, ein Bauer mit seinen drei Söhnen. Die beiden älteren Brüder waren von einer zügellosen Jagdleidenschaft besessen. Den lieben langen Tag streiften sie mit ihren Waffen durch das Gebirge und kümmerten sich weder um die Arbeit auf dem Hof noch um Sonn- und Feiertage. Bei Wind und Wetter waren sie ebenso unterwegs wie bei glühender Sonnenhitze. Als ihr jüngster Bruder alt genug dazu war, nahmen sie ihn oft mit auf die Jagd.

Einst wurde ein hohes Kirchenfest gefeiert. Alle Dorfbewohner machten sich auf den Weg zur Pfarrkirche, um Gott die Ehre zu geben, nur die drei Brüder stiegen weit oben im Gebirge umher, auf der Suche nach jagdbarem Wild.

»Ich glaube, wir müssen umkehren, sonst kommen wir zu spät zur Messe«, mahnte der Jüngste, als er vom Tal herauf die Glocken läuten hörte. Die beiden Älteren aber scherten sich nicht im Geringsten darum und dachten nicht im Traum an Umkehr. Als er sie abermals zur Heimkehr drängte, lachten sie ihn aus und riefen übermütig:

»Geh' doch hinunter und höre dir die langweilige Predigt des Pfarrers an, wir bleiben lieber hier auf der Reiteralpe in der frischen Luft und jagen!«

Da ließ sich der Jüngste umstimmen und folgte seinen Brüdern. Als es zur Wandlung läutete, rührte sich sein Gewissen jedoch ein drittes Mal:

»Wenn wir jetzt umkehren«, schlug er vor, »kommen wir wenigstens noch zum Segen zurecht!«

»Ein schöner Gamsbock ist mir lieber als tausend Segenswünsche«, lästerte der Älteste, »soll sich segnen lassen, wer will. Wir brauchen keinen Segen!«

Und er schickte sich an, noch etwas höher zu steigen. Da ballte sich urplötzlich, mit geradezu unheimlicher Schnelligkeit dichtes, dunkles Gewölk über ihnen zusammen, sie konnten nicht feststellen, woher es gekommen war. Ehe sie sichs versahen, fuhren grelle Blitze auf sie herab. Taubeneigroße Hagelkörner schlugen wie Geschosse hernieder, während gleichzeitig eine unnatürliche Dunkelheit alles einhüllte.

Erschrocken blickten die Leute im Tal zur Reiteralpe hoch, wo an dem strahlend schönen Sonnentag so völlig unerwartet das Unwetter niederging. Als es sich endlich verzogen hatte, waren die drei Brüder verschwunden. Kein Mensch sah oder hörte jemals mehr wieder etwas von ihnen. An der Westwand der Reiteralpe, dort, wo sie gestanden hatte, ragen seit dem Tag drei schroffe Felszacken in den Himmel, die vorher nicht dagewesen waren. Sie werden seither nur »die drei Brüder« genannt.

Der Teufelskopf bei der Reiteralpe

Eine Felswand der Reiteralpe unter den Grundübelhörnern heißt Teufelskopf. Der Name leitet sich von folgender Sage ab, die uns vor mehr als einem halben Jahrhundert in der »Berheimat« so erzählt wurde:

»Ein arbeitsloser Schustergeselle machte auf seiner Wanderung in der Hütte am Heiratsstein Rast. Hunger und Kälte plagten ihn und in seiner verzweifelten Lage klagte er laut vor sich hin. Plötzlich stand der Teufel vor ihm und versprach ihm Hilfe, wenn er ihm die Seele verschreiben wolle. Der erschrockene Wanderer ging auf einen solchen Pakt nicht ein. Da wußte der Teufel einen anderen Ausweg und sagte: ,Ich will dir helfen um jeden Preis. Du bist ein Schustergeselle und

versteht dein Handwerk sicher recht gut. Wir wollen Schuhe flicken. Wirst du zuerst fertig, so soll nicht nur Dein Elend ein Ende haben, sondern auch Deine Seele gerettet sein.‘

Das ließ sich der Wanderer nicht zweimal schaffen; denn er konnte sein Handwerk wie nicht leicht einer. Der Teufel erkannte bei den ersten Stichen, mit wem er es zu tun hatte und damit er durch das Einfädeln keine Zeit verlor, nahm er einen langen Faden. Es half ihm aber nichts. Der Schuster flickte mit seinen kurzen Fäden so behende, daß der Teufel nicht mehr Schritt halten konnte und die Wette verlor. Voll Zorn warf er seinen Stiefel durch die Felsenwand der Reiteralpe, daß es weithin hallte und mit einem Fluch war er verschwunden. Der Wanderer soll ein steinreicher Mann geworden sein.«

Einer anderen Überlieferung zufolge soll einst an der Straße von Hintersee zum Hirschbichl in der Nähe des Heiratssteines eine kleine Hütte gestanden haben, wo der Teufel einst Rast machte, um seine zerfetzten Schuhe zu flicken. Er stellte sich aber so ungeschickt an, daß er mit der Ahle abrutschte und sich ganz gehörig in den Finger stach.

Wie es sich für einen Teufel gehört, wurde er fuchsteufelswild, packte den Stiefel, an dem er gerade gearbeitet hatte und schleuderte ihn mit aller Kraft gegen eine Felswand an der Reiteralpe. Der Teufelsstiefel durchschlug den Felsen, und darum ist noch heute das Loch darin zu sehen, das die Form eines Pferdehufes hat.

Das Jungfrauenloch

In uralten Zeiten flüchtete ein junges Mädchen vor wilden Kriegshorden, die in das Dorf eingedrungen waren, in dem es lebte. In seiner Todesangst rannte es hoch ins Gebirge hinauf, bis zu den steilen Felsen des Fürstensteins. Dort stürzte es sich blindlings in einen tiefen Spalt und kam ums Leben.

Seit der Zeit ist es an dieser Stelle nicht mehr geheuer. In der Sonnwendnacht soll die Unglückliche jedes Jahr dort umgehen. Manche wollen sie gesehen haben, wie sie händeringend um den Spalt im Felsen schwebte, in dem sie den Tod gefunden hatte. Das Volk nennt diesen unheimlichen Ort seither »Jungfrauenloch«.

Die steinerne Agnes

Auf den Höhen des Lattengebirges soll sich vor Zeiten eine seltsame Geschichte zugetragen haben. Sie wurde uns Mitte des vorigen Jahrhunderts von Friedrich Panzer aufgeschrieben:

»Bei Loibl ist ein weißer Kalksteinfelsen, welcher einer Jungfrau gleicht, und welchen man die steinerne Agnes heißt. In Steinberg, berichtet die Sage, lebte eine Sennerin; ihr Geliebter war von Loibl, welchem sie mehrere Kinder gebar. Das letzte Kind ermordete sie, und in der Verzweiflung stürzte sie sich in das Rotofenloch; aber der Felsen spaltete sich, und sie wurde zu Stein. Neben der steinernen Agnes ist eine Kluft, welche durch den ganzen Felsen reicht. Steht die Sonne am Subent im Westen und scheint sie gerade durch den Felsenspalt, so jauchzt die steinerne Agnes.«

Anders wird die Sage von der steinernen Agnes von dem Heimatforscher Toni Eichelmann überliefert:

»Auf einer Alm droben am selben Gebirg lebte einmal eine Senndin. Sie hieß Agnes und war eines der saubersten Dirndl im Land. Flink war sie bei der Arbeit und lustig in aller Ehrbarkeit, wenn frische Burschen und Senndinnen von anderen Almen zum ‚Hoagascht' (zum Besuch) kamen. Agnes war aber auch fromm, und jeden Morgen verrichtete sie am nahen Kreuz ihre Andacht. Dies ärgerte den Teufel und die Dirn sollte sein werden um jeden Preis.

Als Jager, Hirt und Musikant lief er dem Madl in den Weg und suchte es mit schönen Reden zu betören. Aber alle seine Lügen waren umsonst. Agnes blieb standhaft und weil ihr der Besucher unheimlich war, nahm sie noch eine Senndin zu sich in die Hütte.

Da gebrauchte der Teufel, um die Dirn allein in seine Gewalt zu bekommen, eine List. Die schönste Kuh trieb er weit von der Herde weg, bis zur Alm, die Almgarten hieß und nach St. Zeno gehörte. Nach langem Suchen fand Agnes endlich das Tier und wollte es heimtreiben. Da stand als Wildbratschütz der Teufel vor ihr und sah sie an mit funkelnden Augen. Agnes schrie laut und lief davon, gejagt vom Teufel. An einer Steinwand sank sie entkräftet zusammen und bat in ihrer Not die Himmelmutter um Beistand. Da öffnete sich die Wand. Agnes lief hindurch und glaubte schon, dem Bösen entronnen zu sein. Der aber ist ihr auf den Fersen, stürzte auf sie los — und rennt sich schier seine große Nase ein.

Denn Agnes Leib ist zu Stein geworden, und zwei Engel haben ihre reine Seel' in den Himmel getragen. Der geprellte Teufel ist voll Zorn und Gift in seinen höllischen Kessel gefahren. Noch heute heißt die steinerne Wand das »Teufelsloch« und einmal im Jahr, am Sonnwendtag, scheint die Sonne durch die Öffnung in der Felsenwand. Dann jauchzt die steinerne Agnes, daß man's hört hinaus in die Bischofswiesen und 'nunter nach Reichenhall.«

Das Teufelsloch am Lattenberg

Vor langer Zeit fuhr einmal ein Knecht den steilen Berg von Bayerisch-Gmain nach Hallthurm hinauf. Mühsam zogen die Pferde den überladenen Wagen, wurden immer langsamer und langsamer und blieben endlich ganz stehen, weil sie keine Kraft mehr hatten. Der Fuhrmann war ein roher und hartherziger Geselle.

»Geht's weiter, hüa, hüa, elende Haiter!« schrie er und hieb mit der Peitsche unbarmherzig auf die Tiere ein. Obwohl sie fast zusammenbrachen und schon über und über mit

Schweiß bedeckt waren, versuchten sie noch einmal, das schwere Gefährt weiterzuziehen. Vergeblich! Da wurde der Mann puterrot vor Zorn, und die Adern schwollen ihm auf der Stirn.

»Da soll doch gleich der Teufel d'reinfahren, ihr faules Gesindel«, brüllte er ganz außer sich und fluchte gotteslästerlich.

Im gleichen Augenblick erhob sich urplötzlich ein wilder Wirbelsturm, und der Höllenfürst stand höchstpersönlich vor dem zutiefst erschrockenen Mann.

»Du hast mich gerufen, nun komm' auch mit mir!« befahl er mit schrecklicher Stimme, packte den Fuhrmann, riß ihn vom Kutschbock herunter und fuhr mit ihm, mitten durch die Felswand, geradewegs in die Hölle. Seit der Zeit befindet sich die Öffnung am Lattenberg, die nur »Teufelsloch« genannt wird. Sie befindet sich rechterhand, wenn man von Bayerisch-Gmain nach Hallthurm hinauffährt.

Die Mordau beim Lattengebirge

Auf der südöstlichen Seite des Lattengebirges liegt ein schmales Tal, das den düsteren Namen »Mordau« führt. Vor vielen hundert Jahren wurde eine der dortigen Almen von einer jungen Sennerin aus Ramsau bewirtschaftet. Diese war zwar sehr schön, hatte aber ein leichtsinniges und oberflächliches Wesen. Sie war mit einem braven und fleißigen Hirten aus der gleichen Gegend verlobt. Es dauerte jedoch nicht lange, da fand sie größeren Gefallen an einem schneidigen Jäger, der auf seinem Pirschgang täglich bei ihr einkehrte. Nun sann das treulose Mädchen, wie es den Hirten loswerden könnte, und besprach sich darüber auch mit dem Geliebten. Sie fürchtete nämlich, daß der Hirte, der ein großer und starker Bursche war, dem Jäger ein Leid antun könnte, wenn er ihn einmal bei ihr fände.

»Nichts leichter als das«, meinte der Jäger, »verlange von ihm als Liebespfand ein Edelweiß vom Hohen Göll. Dort wächst die Blume nur an ganz besonders gefährlichen Stellen. Er wird sich sicherlich zu Tode stürzen, und wir sind ihn los.«

Das gewissenlose Mädchen folgte dem teuflischen Rat. Ein paar Tage, nachdem die beiden den ruchlosen Plan geschmiedet hatten, kam der Hirte völlig unerwartet auf die Alm gelaufen. Der Jäger konnte sich gerade noch im letzten Augenblick verstecken.

»Warum besuchst du mich heute?« fragte die Sennerin unwirsch. »Ich habe keine Zeit für dich, ich bin mit meiner Arbeit noch lange nicht fertig!«

»Laß' alles stehn und liegen und komm mit mir!« antwortete ihr der Hirte aufgeregt. »Ich bringe dich in ein Versteck in den Bergen. Die Soldaten des Bayernherzogs sind im Berchtesgadner Land eingefallen. Sie morden und plündern und ziehen nun schon von Reichenhall nach Jettenberg. Bald werden sie hier sein. Komm', es ist keine Zeit zu verlieren!«

»Ich mag aber nicht«, erwiderte das Mädchen geringschätzig. »Was du für Räubergeschichten erzählst! Hier herauf werden die Soldaten schon nicht kommen, und wenn, ich fürchte mich nicht. Aber wenn du schon einmal hier bist«, fügte sie hinzu, »kannst du mir einen Gefallen tun. Ich will mich am Sonntag mit frischen Blumen schmücken. Am Hohen Göll wachsen besonders schöne Edelweiß. Bringe mir davon ein paar!«

Der Bursche erschrak:

»Aber ich kann dich doch jetzt in der Gefahr nicht wegen ein paar Blumen alleine lassen!« rief er verstört.

»Ich sehe schon, du liebst mich nicht«, erwiderte die Sennerin schnippisch. »Nicht einmal einen so bescheidenen Wunsch willst du mir erfüllen. Freilich, wenn es dir zu viel Mühe ist ...«

»Nein, nein, es ist mir nicht zu viel Mühe«, unterbrach sie der Hirte, »ich habe Angst, dich ohne Schutz hier zurückzulassen. Aber wenn du es unbedingt willst, dann hole ich dir die Blumen und kehre so schnell ich kann hierher zurück!«

Er verabschiedete sich von ihr und machte sich auf den gefährlichen Weg. Die treulose Braut dachte dabei:

»Geh' nur, und komme niemals mehr wieder!«

Es war, wie der Jäger gesagt hatte. Die Edelweißbüschel wuchsen nur an den unzugänglichsten Stellen. Der Hirte mußte lange suchen, bis er endlich am Rande eines überhängenden Felsens ein paar der weißen Blütensterne sah. In seiner Angst um die Liebste und in seinem Bemühen, möglichst rasch zurückzukehren, ließ er die nötige Vorsicht außer acht. Er beugte sich zu weit hinaus, verlor das Gleichgewicht und stürzte mit einem lauten Schrei in die Tiefe, wo er zerschmettert liegen blieb.

Die herzlose Sennerin schäkerte inzwischen vergnügt mit dem Jäger. Es drückte die beiden in keinster Weise das Gewissen, obwohl sie doch einen Menschen in den Tod geschickt hatten. Während sie miteinander lachten und scherzten, wurde mit einem Mal die Türe aufgerissen, und eine Horde wilder Kriegsgesellen drang johlend in die Hütte. Ohne das geringste Erbarmen töteten sie zuerst den Jäger und dann das Mädchen, nahmen mit, was nicht niet- und nagelfest war und steckten anschließend die Almhütte in Brand. Weithin war der Feuerschein zu sehen.

So ereilte die beiden die Strafe für ihre ruchlose Tat. Diese blutigen Ereignisse sollen sich im Jahre 1382 zugetragen haben. Seit der Zeit wird das herrliche Fleckchen Erde am Lattengebirge nur noch »Mordau« genannt.

Die steinerne Hexe am Predigtstuhl

Vor mehr als tausend Jahren hauste in den bayerischen Bergen beim Predigtstuhl und Schlegel eine Hexe. Sie hatte sich in die Einsamkeit der Gebirgswelt zurückgezogen, weil sie die Menschen nicht leiden konnte. Besonders verhaßt waren ihr die Christen und deren Missionare, durch welche die neue Lehre von der Nächstenliebe in das damals noch heidnische Land gelangte. Diese frommen Männer verfolgte sie mit fürchterlichem Grimm. Den Pilgern, die auf dem Weg zum Grab des heiligen Zeno betend den Hallthurmpaß heraufkamen, trat sie oft als freundliche Wirtin verkleidet entgegen.

»Edle Fremde, sicher seid ihr müde von der Wanderschaft«, sprach sie dabei scheinbar mitleidig. »Stärkt euch mit einem frischen Trunk, ich gebe ihn euch um Gottes Lohn!«

Und sie reichte den Ahnungslosen jedesmal ein Zaubergebräu, das zwar gut schmeckte, aber ein todbringendes Gift enthielt. Viele unschuldige Menschen brachte sie auf diese heimtückische Weise ums Leben.

Manchmal versteckte sie sich auch an einer Stelle des Weges, wo die Berge ganz steil abfielen. Kam ein Wanderer unten vorüber, so rollte sie schwere Steine auf ihn herab, von denen er erschlagen wurde.

»Wieder einer weniger!« freute sie sich jedesmal und lachte teuflisch, wenn es ihr gelungen war, einen Christen zu töten. So wollte die böse Hexe den Einzug des Christentums in das Berchtesgadner Land verhindern.

Einst nahm auch der Gottesmann Martinus den Weg über den Hallthurmpaß, um den Menschen im Berchtesgadner Land zu predigen. Wie immer lauerte die Hexe in den Bergen, und als er an der Stelle, wo sie wartete, vorbeikam, wälzte sie einen schweren Felsbrocken herab. Durch ein donnerndes

Geräusch gewarnt, konnte er die schreckliche Gefahr im letzten Augenblick erkennen und zur Seite springen.

»Ha, ha, das wird dir nichts nützen«, lachte die böse Frau höhnisch und brachte mit Riesenkräften einen anderen Steinblock ins Rollen. Da hielt ihr Martinus ein großes Kreuz, das er um den Hals hängen hatte, entgegen.

Wie die Sage weiter berichtet, lief im gleichen Augenblick ein Zittern durch das Gebirge und es ertönte ein fürchterliches Grollen wie von tausend Donnern zusammen. Mit unwiderstehlicher Gewalt wurde die Hexe zu Boden geschleudert und in Stein verwandelt. Martinus aber konnte ungefährdet weiterziehen.

Noch heute sieht derjenige, der die Straße von Reichenhall über Hallthurm nach Berchtesgaden fährt, die versteinerte Hexe mit grausig nach oben gestrecktem Kinn oben auf den Berggipfeln des Predigtstuhls und Schlegels liegen.

Das Frauenloch im Staufen

Nicht nur im Untersberg gab es wilde Frauen. Laut Sage sollen sie auch im Staufen bei Reichenhall gehaust haben. Friedrich Panzer schrieb darüber im vorigen Jahrhundert:

»In dem Staufen, dem Falkenstein gegenüber, ist eine teils von Natur, teils durch Kunst gebildete Felsenhöhle, welche man das Frauenloch heißt. Am Fuße des Staufen, nahe bei dem Frauenloch fließt der Lettenbach, welcher in dem Nagelloch entspringt, sich mit der Schwarzachen bei dem Nagel vereinigt und dann Weißbach heißt. In dem Frauenloch wohnten in frühesten Zeiten drei Frauen, wilde Frauen genannt. Die Leute in dem Tale sahen öfter die aufgehängte schöne Wäsche am Frauenloch und sagten dann: Jetzt wird es schönes Wetter, die wilden Frauen haben ihre Wäsche aufgehängt! —

Eine der wilden Frauen war halb schwarz und halb weiß; die beiden andern waren weiß. Vor der Höhle saß ein schwarzer Hund mit glühenden Augen. In derselben ist ein großer Schatz verborgen. Auch wurde früher das Krähen des Hahns aus dem Frauenloch gehört. Wurde in den nächstgelegenen Dörfern ein Kind geboren, so kamen die wilden Frauen in das Haus und sangen; solchen Kindern prophezeite man Glück. Bei Hochzeiten, wenn die Braut aus dem Hause der Eltern ging, wurde der Gesang der wilden Frauen gehört; dieses geschah aber nur bei Leuten, welche sie auszeichnen wollten. Als vor Zeiten der Bäcker von Hausmainig eine Frau von ausgezeichneter Schönheit heiratete, kamen die weißen Frauen zur Hochzeit.«

Das schwarze Roß am Falkensee

Unterhalb des Frauenloches am Staufen liegt der Falkensee. Dort soll es des Nachts früher nicht geheuer gewesen sein. Des öfteren bemerkten Leute, die sich zu nächtlicher Stunde in der Nähe des Sees aufhielten, am Ufer ein kohlschwarzes Roß. Es schritt jedesmal langsam vom Falkensee zur gemauerten Brücke über den Lettenbach. Dort machte es plötzlich kehrt und lief in fliegendem Galopp den gleichen Weg, den es gekommen war, zurück.

Warum dies in bestimmten Nächten geschah, weiß bis heute niemand zu sagen.

Der Karlstein bei Reichenhall

Um die Burgruine Karlstein bei Reichenhall ranken sich einige seltsame Sagen. Die Burg wurde im 12. Jahrhundert erbaut und nach Karl dem Großen benannt. Sie besaß im Mittelalter das Recht der »Freyung«, das heißt, Verfolgten durfte dort Asyl gewährt werden.

Seit langer Zeit schon ist dieses ehemals wichtige Gebäude verlassen und dem Verfall preisgegeben. Doch noch immer sollen dort drei geheimnisvolle Frauen umgehen. Die Einheimischen behaupteten noch Mitte des vorigen Jahrhunderts, daß schlimme Ereignisse, wie Kriege oder Naturkatastrophen, durch eigenartiges Singen oder Jammern der geheimnisvollen Wesen angekündigt worden seien, und sich immer kurz nachher eingestellt hätten.

Wie die Sage weiter zu berichten weiß, verband früher eine lederne Brücke die Burg auf dem Karlstein mit dem etwa achthundert Fuß entfernten, auf einem anderen Berg stehenden Turm Amering. Diese Brücke soll einst Schauplatz eines tragischen Geschehens gewesen sein.

Ein junges Burgfräulein, das gezwungen wurde, einen Mann zu heiraten, den es nicht wollte, stürzte sich im Mittelalter an ihrem Hochzeitstag vor Verzweiflung von der Brücke in die Tiefe und fand den Tod.

Seit dieser Zeit, so erzählen die Alten, hat die Seele der Unglücklichen keine Ruhe gefunden. Sie irrt noch immer an dem Ort, wo sie ihrem Leben gewaltsam ein Ende gesetzt hat umher. In den Nächten, in denen wilde Stürme über die Berge brausen, soll tief unten am Burgfelsen oft das trostlose Weinen und Klagen des Burgfräuleins zu hören sein.

Die verwunschenen Jäger

Zwei hohe Felsen am Staufen bei Reichenhall werden »die steinernen Jäger« genannt. An diesen Namen knüpft sich eine schaurige Sage, die Franz von Kobell im vorigen Jahrhundert so erzählte:

Zwoa Jager steig'n in an Gwänd',
's red't koana nit a Wort,
Sie steig'n langsam nach der Höh',
Es is a schiecher Ort.

Und wie s' jetz' kemma gegen d' Schneid,
Da rastn s' auf an Eck,
Sie segn schier zum Ferchtn aus,
So barti, wild und keck.

Just graut der Tag, der Nebi liegt
No' tief herunt' in Tal,
Von selln Platz, da sicht ma schö'
Viel' Dörfer aufamal.

Und wie s' a Weil so rast'n tien,
So hörn s' Kirche'gläut,
In d' Fruhmeß ruft a Glöckl' zamm,
Dees Läutn hört man weit.

Da stopft der oa a Pfeif Tabak,
Der ander putzt sei' Bix
Und Branntwein trinken s' aar an Schluck,
Aber beten tien s' a nix.

Und wieder üb'ra a kloani Weil,
Da läut't dees Glöckl drunt,
»Jetz wandeln s' erscht,« lacht da der oa,
»Wir wandeln scho' zwoa Stund'.«

»Ja Wandeln hin und Wandeln her,«
Hat wild der ander gsagt,
»A Gamsbock ischt mehr allweil mehr!«
Und hat sein Stutze 'packt.

Und weiter steign s' über's Eck
Und schaug'n in Graben 'nei.
Da steht a starker Gamsbock drinn,
Der wird bald ihna sei'.

Da schießt der oa', er fallt no' nit,
Der ander aa zünd't o',
Und auf die Schuß, da hat's an Hall
Als wie a Dunner to'.

Als schlüg a Wetterstroach grad ei',
Was dees bedeut'n soll?
Die Schützn rumpin in anand,
's is ihna nimmer wohl.

Denn schau der Bock in Graben drunt'
Werd zozet wie a Bär,
Die Krikl werrn großi Horn
Und feuri schaugt er her.

Dees is koa Gamsbock, gnad' da Gott,
Dees muaß der Teufi sey', —
Da packn gschwind die Jaga zamm
Und laafa woltern fei.

Auf oamal aber laßn s' aus,
Es werrn d' Füß so schwaar,
Und grad als wann der jüngsti Tag
Auf Erdn komma war,

So ziegt a Nacht im Wetter 'rei.
Koa Schrittl kinnes geh'

Und 's Blut is worn so kalt und starr,
Als sollt's auf ewi steh'.

Und horch in Wettersturm da hallt
A Schroa weit über's Land, —
Da war a grausi Wandlung gschegn,
Verhängt von Gottes Hand. —

Wohl wieder drunt zum Betn läut't
Dees Glöckl aus der Fern',
Da drobn aber warn Stoa',
Sie kinne's nimmer hör'n.

Bei Salzburg steht a hocher Berg,
Der Staufn, wer'n kennt,
Da san zwoa langi Fels'n obn
Die stoanern Jager gnennt.

Die Fels'n stenga heut no' do,
Als Zoacha von den G'richt, —
Der Krug schau, geht so lang zum Brunn',
Bis er amal dabricht.

Der schwarze Mann an der Wegscheid

Auf der Wegscheid bei Reichenhall ist es nicht geheuer. Unheimliche Mächte treiben dort ihr Unwesen. Das mußte auch der Sohn eines Schneider aus Unken erfahren, als er nachts mit seinem Hund unterwegs war.

Kaum war er bei der Wegscheid angelangt, da befand sich plötzlich ein völlig schwarz gekleideter Mann neben ihm, dessen Gesicht unter dem schwarzen Hut nicht zu erkennen war. Der Bursche konnte sich nicht vorstellen, woher der Fremde gekommen war, denn einen Augenblick zuvor war er noch alleine gewesen und hatte weit und breit niemanden gesehen. Er war ein mutiger Kerl und ließ sich nicht leicht ins Bockshorn jagen, bei dieser nächtlichen Begegnung aber konnte er sich der Furcht nicht erwehren. Sein Hund, ein großes und sehr scharfes Tier, empfand ähnlich, denn er winselte plötzlich jämmerlich, zog den Schwanz ein und ließ dann — was er noch nie getan hatte — seinen Herrn im Stich, indem er jaulend das Weite suchte.

Der Bursche beschleunigte seine Schritte, um den unliebsamen Begleiter abzuschütteln. Aber es gelang ihm nicht. Der Unheimliche folgte ihm wie ein Schatten und wich ihm nicht von der Seite. Da brach dem Schneiderssohn vor Angst kalter Schweiß aus. Er griff in seine Hosentasche, riß sein Besteck heraus (das er, wie es damals üblich war, immer mit sich führte), und nahm in die eine Hand das Messer, in die andere die Gabel, um sie notfalls als Waffen gebrauchen zu können. Völlig ungerührt davon schritt der Fremde neben ihm her und sprach kein einziges Wort, ja, er gab nicht einmal den geringsten Laut von sich, so, als könnte er überhaupt nicht sprechen.

Als sie bei der Däumerbrücke angelangt waren, blieb der schwarze Mann mit einem Mal ganz unvermittelt stehen. Der Bursche besann sich nicht lange, rannte los und lief so schnell er konnte in das Wirtshaus von Schnagelreit, das ganz in der Nähe war. Vollkommen außer Atem langte er dort an. Seine Hände umklammerten noch immer krampfhaft Messer und Gabel, und sein Gesicht war totenbleich. Mit zitternder Stimme bat er um ein Nachtquartier und weigerte sich beharrlich, nochmals in die Dunkelheit hinauszugehen, »auch nicht für tausend Gulden«, wie er sagte.

Das gespenstische Weiblein

Eine ebenso unheimliche Geschichte von der Wegscheid wird uns von Ludwig Steub, der die Erzählungen des Seebühlers im Jahre 1850 aufgeschrieben hat, berichtet:

»Auf der Wegscheid tut es auch oft bei Nachtzeit vom Felsen herab grauenvolle Schreie, aber so arg war es seit Menschengedenken nicht, wie im Jahre 1831. Damals hörte man in dieser Gegend ein jämmerliches Winseln und Heulen von den höchsten Wänden herunter, welches gegen vierzehn Tage sich vernehmen ließ und zu keiner Stunde des Tages oder der Nacht verstummte. Endlich hat sich der Brunnenwärter von Nesselgraben aufgemacht, um in den Bergen oben umzusehen, woher das Winseln käme. Als er auf den höchsten Matten sich befunden, mußte er wahrnehmen, daß dasselbe nicht aus dieser Gegend, sondern gerade unter ihm aus den Klüften der Wand hervordringe, wo sie am steilsten abschließt, so daß sich keine Gemse da halten kann. Er verwunderte sich höchlich, erachtete es aber zu gefährlich, den Laut weiter zu verfolgen und begab sich unverrichteter Dinge wieder bergabwärts.

Nun kam aber der Kreuzer von Helmbach, ein mutiger Bergsteiger von den besten, der seine Schafe suchte, dieses Weges, und als er von dem andern den Hergang gehört, bedachte er sich, dem Abenteuer nachzugehen; legte also seine Joppe und seinen Hut ab, kletterte mit äußerster Gefahr seines Lebens, was keiner glauben möchte, der die Wand betrachtet, durch die Schrunden auf den Ort zu, woher das Winseln kam, und sah da ein uraltes, zusammengehocktes Weiblein in einer Felsenspalte sitzen, so zu winseln fortfuhr und auf seine Fragen, wie sie um Gotteswillen an diesen Ort gekommen, keinerlei Antwort gab, vielmehr mit den dürren

Händen ihm geradewegs ins Gesicht fahren wollte. Hierauf hat sie der Kreuzer ohne Umständen herausgerissen und mit sich zu gehen gezwungen, was sie gleichwohl ganz sicheren Trittes tat.

So kam er mit ihr wieder auf die Matte, wo er seine Joppe und seinen Hut niedergelegt, und bückte sich nach diesen und zog sie wieder an. Als er sich nun aber nach dem Weiblein umdrehte, war dasselbe verschwunden, und konnte von ihm trotz allen Suchens da herum nicht mehr gefunden werden. Jetzt kam aber auch das ganze Ding dem Kreuzer nicht mehr geheuer vor, vielmehr erfaßte ihn ein jähes Grauen, also daß er mühselig nach Hause kam und eine Woche krank lag vom Schrecken.

Selbigen Tages ist das Weiblein noch bei dem Bauern am See gesehen worden, wo sie sich auf die Bank vor die Haustüre setzte. Die Bäuerin gab ihr einen Krapfen, erhielt aber keinen Dank dafür und auch keine Antwort auf die Fragen, die sie ihr stellte.

Gleich darauf saß sie unten am Kaitl auf der Sommerbank, erhielt eine Nudel, gab aber auch kein Wort von sich, sondern nur ein leises, unverständliches Flüstern. Das Winseln wurde von diesem Tage an nicht mehr gehört, das Weiblein aber auch in der ganzen Gegend nicht mehr erkundet. Es wird aber dieses Weiblein von denen, die es gesehen, übereinstimmend als ein kleines Mütterlein beschrieben, von uraltem Gesichtchen, mit vielen hundert Fältchen darin, übrigens ihm Anzug recht reinlich und sauber, aber ganz altmodisch. Sie hatte auf dem Kopfe ein schwarzes Häubchen mit schmalen schwarzen Pelzbräm, das fast bis auf die Augen hereinging; ein rotes Korsett von älterem Schnitte, als man sich erinnern kann, mit ganz langen Schößen auf dem Rücken, ein blaues Schürzchen und schwarzes Röcklein.«

Der Baumstamm an der Wegscheid

Noch eine andere Geschichte von einem merkwürdigen Vorfall auf der Wegscheid erzählt man sich im Berchtesgadner Land.

So um das Jahr 1840 herum soll es gewesen sein, da war der Lenzl Niederberger, der Knecht im Kaitl war, dort auf Vorspann. Mittags ritt er mit den zwei Pferden, die er dazu gebraucht hatte, wieder zum Hof zurück. Er nahm den Weg über den Allerseelenbühel, der nahe an der Wegscheid vorbeiführt. Plötzlich rumpelte es neben ihm im Gebüsch. Er schaute auf und sah einen Baumstamm herauskollern, der oben und unten abgesägt war. Er beachtete ihn nicht weiter und setzte seinen Weg fort. Aber als er ein Stück bergan ritt, rollte der Baumstamm noch immer hinter ihm her, obwohl niemand ihn anschob. Da wurde dem Lenzl ein wenig komisch zumute, weil er sich solch ein seltsames Verhalten nicht erklären konnte. Er spornte seine Pferde an und ritt schneller. Beim Umblicken bemerkte er, daß auch der unheimliche Baumstamm schneller wurde.

»Das gibt's doch nicht«, wunderte sich der Knecht und strich sich über die Stirne, »sicher täusche ich mich!«

Er verlangsamte sein Tempo etwas und schaute sich wieder um. Aber auch der Baumstamm rollte nun gemächlicher hinter ihm her. Er blieb immer etwa eine Spanne hinter den Pferden, ob der Knecht nun langsamer oder schneller ritt.

Nun bekam es der Lenzl mit der Angst zu tun. In wildem Galopp jagte er mit seinen Pferden den Berg hinunter. In seinen Ohren dröhnte dabei ständig das Gepolter des Baumstammes, der ihn aus ihm unverständlichen Gründen verfolgte.

Im Kaitl angelangt, lief er sogleich ins Haus und berichtete, was ihm zugestoßen war. Einige Knechte gingen mit ihm wieder hinaus, um sich den unheimlichen Baumstamm anzusehen. Doch der war verschwunden und konnte auch trotz eifrigsten Suchens nicht mehr gefunden werden.

Das Weidwiesenweiblein von Reichenhall

Vor etwa 200 Jahren — so um 1782 oder 1783 — befand sich ein Fuhrmann auf dem Weg nach Reichenhall. Die Dunkelheit war schon hereingebrochen, und er war sehr müde. Er trieb seine Pferde an, denn er wollte endlich in die Stadt zu seinem Nachtquartier kommen. Gerade als er am Kalkofen bei den Waldwiesen angelangt war, brach ihm ein Rad seines Fuhrwerkes.

»Das hat mir gerade noch gefehlt«, schimpfte er, stieg vom Kutschbock und besah sich, soweit das in der Finsternis möglich war, den Schaden.

»Jetzt bräuchte ich das Weidwiesenweiblein, daß es mir leuchtet!« wünschte er. »Wie soll ich sonst das Rad richten. Womöglich muß ich hier übernachten.«

Er hatte diese Worte kaum gesprochen, da stand so plötzlich, als hätte es die Dunkelheit ausgespien, ein seltsames Wesen neben ihm. Es sah aus wie ein ganz kleines Weiblein, war von Kopf bis Fuß in schwarze Kleider gehüllt und trug einen riesigen, breitrandigen Hut, der Gesicht und Hals vollkommen verdeckte. Dadurch entstand der merkwürdige Eindruck, als hätte es gar keinen Kopf, sondern als säße der Hut alleine auf den Schultern. Das Weiblein trug ein kleines Gefäß in den Händen, in dem ein Licht brannte. Still stellte es sich neben den Fuhrmann und leuchtete ihm.

Der war gar nicht erschrocken über das plötzliche Auftauchen des seltsamen Wesens, denn er wußte, daß es das Weidwiesenweiblein war, das er herbeigewünscht hatte. Das tat keinem Menschen etwas zuleide. Es erschien oft und begleitete nächtliche Wanderer, die über die Weidwiesen gingen, und leuchtete ihnen mit seinem Lämpchen. Die Leute waren das so gewöhnt, daß sie diesen Dienst als völlig selbstverständlich ansahen und dem kleinen Nachtgeist niemals dankten. Das Weiblein aber begleitete die Wanderer getreulich, ob es ihnen gefiel oder nicht. Es ließ sich durch nichts verscheuchen, weder durch wilde Gesten noch durch Schimpfworte. Niemals sprach es ein Wort, und wenn es seinen Dienst getan hatte, verschwand es spurlos in der Dunkelheit.

Nur manchmal trieb es Schabernack mit den Leuten und führte sie an Orte, an die diese gar nicht gewollt hatten, ließ sie dort stehen und war dann plötzlich wie vom Erdboden verschluckt, so daß die Genarrten schimpfend ihren Weg selbst suchen mußten.

Der Fuhrmann war über die Hilfe, die ihm das Weiblein mit seinem Licht gewährte, sehr froh. Als er das Rad notdürftig gerichtet hatte und glaubte, damit bis Reichenhall fahren zu können, wandte er sich dem kleinen Nachtgeist zu und sagte:

»Tausend Dank für deine Hilfe!«

Da wirbelte das Weiblein voller Freude wie ein Kreisel herum, tat zum erstenmal, seit es sein Unwesen auf den Weidwiesen trieb, seinen Mund auf und sagte:

»Ein einziger Dank hätte schon genügt, mich zu erlösen. Nun muß ich nicht mehr umgehen!«

Bei diesen Worten nickte es dem Fuhrmann freundlich zu und war im nächsten Augenblick verschwunden. Seither ist es niemals mehr einem Menschen begegnet, und die Wanderer, die des Nachts über die Weidwiesen gehen, müssen ihren Weg wieder selbst suchen.

Die drei wilden Frauen an der Salzach

Die Sage von drei geheimnisvollen Frauen begegnet uns in den verschiedensten Gegenden Deutschlands in ähnlicher Form. Auch am Ufer der Salzach war sie beheimatet. Friedrich Panzer schrieb 1848:

»Bei Niederheinig, in dem uralten Hochufer der Salzach, ist eine Schlucht, das Frauenloch genannt. Auf einem vorspringenden Bergrücken nahe bei dem Frauenloch befindet sich der Wolsteig. Auf der Höhe dieses Bergrückens wurde ein heidnischer Grabhügel geöffnet, in welchem zwei Lanzen von Eisen und ein Hufeisen gefunden wurden. Auf der Grundfläche des Hügels war ein Brandherd mit Kohlen, Asche, verbrannten Knochen und schwarzen Urnentrümmern. Der Letten, aus welchem der Hügel errichtet war, mußte aus der Ferne herbeigeschafft worden sein. Dieser Hügel hatte unten 300 Fuß im Umfange und war etwa 6½ Fuß hoch.

Auf dem Hochufer, Leiten genannt, wo früher Wald war, befindet sich ein Platz, der Aschbe heißt.

In dem Frauenloch, weiß die Sage, waren in den frühesten Zeiten drei wilde Frauen. Sie hatten einen großen Schatz, welchen sie einst in die Sonne legten. Ein alter Urber (Bauer von Urberhof in Heining) sah, wie die wilden Frauen einen Schatz sonnten, wünschte davon zu haben, konnte aber, der Örtlichkeit wegen, sich demselben nicht nahen. Er warf die Pflugraitl (eine kleine eiserne Schaufel zum Reinigen der Pflugschar) in den Schatz und sprengte drei Münzen aus dem Geldhaufen heraus. Hierauf faßten die drei wilden Frauen das Geld mit der Raitl zusammen und verschwanden damit in den unterirdischen Gang. Dieser Gang zieht von dem Frauenloch, vermutet man, bis in die Küche des Bauers Moier des Einödhofes bei Pfaffing, etwa eine halbe Stunde von Frauenloch.

Andere erzählten, daß von den drei Frauen eine halb schwarz, halb weiß gewesen sei, daß diese mit der blinden den Schatz geteilt und mit dem Metzen gemessen habe. Aber sie übte Betrug gegen die blinde, indem sie bei Bestimmung ihres Teiles jedesmal den Metzen bis an den Rand füllte, dagegen, wenn die Reihe an die blinde kam, nur den Boden des umgekehrten Gefäßes mit Gold bedeckte und diese mit der Hand darüber streichen ließ, um sie zu überzeugen, daß der Metzen voll sei.«

Hier endet, laut Panzer, die Sage, die in anderen Gegenden noch so ausgeführt wird, daß die betrügerische Frau nach ihrem Tode zur Strafe umgehen mußte.

Die Bauern und der Wolf

Früher wurde im Gebiet um Laufen ein alter Brauch geübt, den uns der Sagenforscher Friedrich Panzer im vorigen Jahrhundert beschrieb:

»In der Gegend von Laufen, Surheim u.a. in Oberbayern wird von den jungen Leuten bei dem Abdreschen, Flachsbrechen, Rockenreisen und dergleichen ein beliebtes Spiel, der »Wolf« genannt, gespielt. Ein Bursche zieht eine umgekehrte Pelzjacke an, bedeckt sich mit einer Pelzhaube und besetzt die Hosen mit Büscheln (Ähren) der Schilfrohre. Dieser ist der Wolf. Der Wolf wird durch einen andern Burschen an einer langen Ketten von außen zur Versammlung in die Stube geführt, welcher ihn durch Schläge zum Tanzen zwingt. Dann wird er in einer Ecke der Stube angehängt. Andere sechs Mannsbilder stellen vor: einen Bauern, seine zwei Söhne und drei Schafe. Der Bauer hat einen Buckel, einen sehr großen, eingebundenen kranken Fuß, und seine Söhne sind mit Stöcken versehen. Bei der Einführung des Wolfes und bis jetzt schläft der Vater mit seinen Söhnen auf den Bänken, und die Schafe liegen auf dem Boden der Stube. Nun ruft von außen ein hübsches Mädchen, die Gredl, den jüngeren Sohn, Hansl, zum Fenster, und während diese ihre Liebeshändel abmachen, reißt sich der Wolf los, schleppt die Schafe zur Türe hin und man sagt: ‚Der Wolf hat die Schafe gefressen.'

Der Bauer erwacht, jammert über den Verlust der Schafe, ist sehr aufgebracht gegen seine Söhne, welche, statt die Schafe zu hüten, schlafen und sich mit Liebeshändel abgeben, und belangt sie zum Aktuar. Dieser läßt die Söhne mit dem Vater einsperren, weil auch er als nachlässig erkannt wird. Sie gehen zur Türe hinaus. Nun setzen sich der Pfleger und seine Frau auf einen auf den Tisch gestellten Stuhl fest nebeneinander, ihre Füße mit einer Kotze überdeckt. Dann werden die drei Gefangenen zum Verhör vorgeführt. Der Pfleger hält ihnen ihre schlechten Streiche vor, und sie müssen vor ihm und seiner Frau auf den Knien abbitten, wodurch sie wieder frei werden. Darüber erfreut, nimmt der Bauer die Bäuerin und seine Söhne jeder ein Mädchen und lassen sich durch den Spielmann auf der Zither, Flöte oder Schwergelpfeife einen Walzer aufmachen. Nach dem Tanz spricht der Vater zu den Söhnen: ‚Buben! Ich weiß zwei Königstöchter in Afrika; diese möchten gern heiraten und haben sehr viel Geld.' Die Söhne erwidern: ‚Das wollen wir, weil sie so reich sind', gehen aus der Stube, kommen, auf den Schultern eines andern Burschen sitzend, wieder herein, reiten zu den Königstöchtern. Der König sitzt auf einem auf den Tisch gestellten Stuhl mit überdeckten Füßen und seine zwei Töchter, Urschl und Xaverl, sitzen neben ihm, aber tiefer auf einer Bank neben dem Tische. Die Söhne des Bauern reiten in der Stube herum, die Königstöchter werden ihnen geneigt und der Bauer, welcher den kürzeren Weg über Berg und Tal gemacht hat und die Worte der Königstöchter vernimmt, ermahnt die Söhne, ihre Werbung zu beschleunigen. Das geschieht; der König willigt ein, weil sie angesehene Männer seien. Die Reiter geben dann vor, sie hätten noch manches zu besorgen, reiten durch die Küchentüre hinaus, mit geschwärzten Händen wieder herein, steigen vom Pferd, tanzen mit ihren Bräuten und schwärzen ihnen während des Tanzes liebkosend das Gesicht, zur großen Belustigung der Zuschauer.«

Soweit Friedrich Panzer. Heute ist dieser Brauch ganz in Vergessenheit geraten.

Wie ein Surheimer seine zukünftige Braut sah

Es heißt, daß derjenige, der sich in einer Losnacht auf einen Kreuzweg stellt und auf die wilde Jagd wartet, erfahren kann, wen er später heiraten wird. Ein Bursche aus Surheim nahe Freilassing wollte dies trotz der Gefahren, die damit verbunden sind, wagen. Er erkundigte sich genau, wie er sich bei der Begegnung mit den höllischen Mächten verhalten mußte, um keinen Schaden an Leib oder Seele zu nehmen. In einer für sein Vorhaben geeigneten Nacht begab er sich zu einem Kreuzweg außerhalb des Ortes und legte sich mit überkreuzten Händen und Füßen nieder. Das mußte er tun, um zu verhindern, daß ihn die wilde Jagd im Vorüberziehen mitreißen würde.

Als es Mitternacht geworden war, erfüllte mit einem Mal ein unheimliches Brausen die Lüfte. Es klang so furchterregend und schrecklich, daß es einem das Blut in den Adern gefrieren lassen konnte. Es näherte sich in Windeseile dem Kreuzweg. Das war der wilde Jäger mit seinem Gefolge.

Obwohl der Bursche vor Angst zitterte und nicht aufzuschauen wagte, nahm er in dem Augenblick, als die Höllenmächte über ihn hinwegfegten, seinen ganzen Mut zusammen und fragte:

»Sagt an, wen werde ich später heiraten?«

»Gehe morgen in die Kirche, dann wirst du deine künftige Frau sehen!« erscholl ihm die Antwort aus dem wilden Geheule entgegen. Einige Augenblicke später war der Spuk vorüber.

Ganz benommen erhob sich der Bursche und ging langsam nach Hause. Er war froh, mit heiler Haut entkommen zu sein. Am nächsten Tag begab er sich zur Kirche, wie es ihm geboten worden war. Als er aber eintreten wollte, wurde ihm von unsichtbaren Mächten das Gesicht zerkratzt. Dennoch, so heißt es, sah er bei den jungen Mädchen in der Kirche dasjenige, das er später auch wirklich heiratete.

Die feindlichen Brüder auf Burg Haunstein

Am Rande des Berchtesgadner Landes liegt auf dem Haunsberg die verfallene Ritterburg Haunstein. In jenen fernen Zeiten, als das Bauwerk noch stolz und wehrhaft oben auf den Felsen stand, und man von seinen Zinnen aus weit über das Land schauen konnte, wurde es von zwei Brüdern bewohnt, die überall als tapfere Kämpfer bekannt waren. Sie lebten friedlich miteinander bis zu dem Tag, an dem sie bei einem Fest auf einer benachbarten Burg ein junges Edelfräulein kennenlernten. Sie hatte eine anmutige Gestalt, liebliche Gesichtszüge und ein so fröhliches und bezauberndes Wesen, daß sich beide Brüder leidenschaftlich in sie verliebten.

Am Abend, als sie nach Haunstein zurückkehrten, gestand der Jüngere der beiden dem Älteren seine Liebe und bat ihn, seiner Heirat mit dem schönen Mädchen zuzustimmen. Der aber, weil er das Gleiche zu tun gedachte, fuhr zornig auf und schrie:

»Das schlag dir nur gleich aus dem Kopf, Grünschnabel! Ich bin der Erstgeborene und muß vor dir für den Fortbestand unseres alten Adelsgeschlechtes sorgen. Ich habe beschlossen, die edle Dame zu ehelichen.«

»Das ist nicht recht!« empörte sich der andere. »Ich habe zuerst gesagt, daß ich sie liebe und sie heiraten will. Und das werde ich auch tun, du kannst machen, was du willst!«

Die Brüder gerieten in einen heftigen Streit miteinander. Sie erhitzten sich immer mehr, warfen sich gegenseitig wilde Beschuldigungen und böse Worte an den Kopf und schworen jeder, dem anderen niemals das schöne Mädchen zu überlassen. Als sie an ihrer Burg angelangt waren, war in beider Herzen schon eine böse Saat des Hasses gegen den eigenen Bruder aufgegangen. Mühsam beherrschte der Ältere seine wilden Gefühle, die ihn drängten, seinen Widersacher an Ort und Stelle zu erschlagen, und bestimmte finster:

»So soll das Schwert entscheiden, wer sie bekommt. Solange ich lebe, wird sie niemals dein sein! Wenn du sie willst, mußt du mich schon töten!«

»Gut denn«, entgegnete der Bruder in grimmiger Entschlossenheit, »laß uns mit dem Schwert um sie kämpfen. Sie soll demjenigen gehören, der gewinnt.«

Sie kamen überein, am frühen Morgen des folgenden Tages im Tal vor der Burg einen ritterlichen Schwertkampf miteinander auszutragen.

Aber es kam anders. In der Nacht überlegte jeder, daß er im Kampf vielleicht unterliegen könnte, denn jeder wußte um die Stärke und die Gewandtheit des Bruders. Da faßten beide in ihren Herzen einen ruchlosen Plan. Jeder wollte den anderen heimlich ermorden, um die Geliebte mit Sicherheit für sich zu gewinnen. Sie schlichen sich aus ihren Gemächern, um den Bruder im Schlafe zu töten. In den Gängen der Burg trafen sie aufeinander und erschlugen sich gegenseitig in einem erbarmungslosen, unmenschlichen Kampf.

Seither müssen die beiden Brüder auf der Burg umgehen. Zu bestimmten Zeiten ist dort ein wildes Lärmen zu vernehmen, so, als lieferten sich zwei Streiter eine erbitterte Schlacht. Waffengeklirr, wildes Schreien und Getrampel sind ganz deutlich zu hören, aber zu sehen ist nichts. Dann wird es für kurze Zeit unheimlich still. Wenn die Mitternacht an-

bricht, erscheinen plötzlich zwei schemenhafte Gestalten, die von Flammen umgeben sind, und schleppen sich mühsam, wie zu Tode getroffen durch das dunkle Tal am Fuße der Burg. Das sind die Geister der beiden unseligen Brüder.

Wie es heißt, müssen sie so lange am Ort ihres Verbrechens umgehen, bis einmal zwei Geschwister sich an der gleichen Stelle, wo sie sich gegenseitig heimtückisch ermordeten, das Leben retten. Dann erst ist ihre Untat gesühnt, und die Stunde ihrer Erlösung schlägt, so daß sie endlich in ihren Gräbern Ruhe finden können.

Quellennachweis

Albrechtskirchinger, Georg: Singen und Sagen aus fernen Tagen. München 1922

Alpenpark Berchtesgaden. Verlag und Druck: Anton Plenk KG Berchtesgaden

Altbayerische Sagen. Verlag der Jugendblätter München

Bergheimat. Beilage zum Berchtesgadner Anzeiger 1921—1942

Bechstein, Ludwig: Märchen, Sagen und Legenden Österreichs

Brustgi, Georg: Aus der weißblauen Sagentruhe. Süddeutscher Verlag München

Deglmann — Schwarz Erika: Ramsauer Welt. Walter Pustet Tittmoning 1956

Der Grenzbote. Zeitschrift für Unterhaltung und öffentliches Leben 1864 u. 1867. Druck und Verlag M. Zugschwerdt Reichenhall

Dumler, Helmut: Berchtesgadner Land. J. Fink Verlag Stuttgart

Eichelmann, Toni: Berchtesgadner Sagen. Verlag L. Vonderthann u. Sohn Berchtesgaden

Eigert, Fritz: Die Schellenberger Eishöhle. Buchdruckerei Fuchs Berchtesgaden

Epheuranken. Illustriertes Jahrbuch f. d. kath. Jugend. Regensburg u. München 1898

Fendt, Andreas: Geschichte Bischofswiesens. Historischer Beitrag zur 800 Jahr-Feier

Dr. Götz, Wilh.: Geographisch-Historisches Handbuch von Bayern. G. Franz'scher Verlag München 1898

Grimm, J. u. W.: Deutsche Sagen

Haushofer, Max: Alpenlandschaft u. Alpensage in den Bayerischen Sagen

Hofmiller, Josef: Altbayerische Sagen. Verlag »Bücher der Heimat« Altötting 1949

Illustrierte Sagen des Königreichs Bayern. München 1908

Jugendblätter Bd. 55 1908/09. Herausgeber Carl Schnell, München

Kapfhammer, Günther: Bayerische Sagen. Eugen Diederichs Verlag

Keck, Sigismund OFM: Franziskaner Kloster Berchtesgaden 1956

Kriss, Rudolf: Sitte u. Brauch im Berchtesgadner Land: Filser Verlag München 1949

Leiderer/Weitnauer: Mein Sagenbuch. Bayerischer Schulbuch-Verlag München 1960

Leoprechting, Karl von: Bauernbrauch u. Volksglaube in Oberbayern, 1855

Noe, Heinrich: Bayerisches Seebuch

Panzer, Friedrich: Bayer. Sagen u. Bräuche Bd. I u. II. 1848

Pöttinger, Josef: Alpensagen. Verlag Kremayr & Schreiber Wien 1968

Raubinger, Gottfried: Ramsau bei Berchtesgaden, Hannes Oefele Verlag Ottobeuren

Richardi, Hans Günther: Unheimliche Plätze in Bayern. Verlag W. Ludwig

Schmid, Elmar D.: St. Bartholomä am Königssee. Bayer. Verwaltung der staatlichen Schlösser, Seen u. Gärten, München

Schönau, Friedrich: Berchtesgaden, Sage und Geschichte im Rupertigau 1953 Verlag Gerhard Gessner

Schöppner, A.: Sagenbuch der bayerischen Lande Bd. I-III München 1852

Schüller, Otto: Maria Gern, Geschichte einer Wallfahrt. 1966 Berchtesgadener Anzeiger

Schwaiger, Josef: Sagen und Legenden. Verlag Josef Kösel u. Friedrich Pustet KG

Dr. Schweitzer, Bruno: Volkssagen aus dem Ammerseegebiet. Heimatverlag Schweitzer

Sagen der Vorzeit, Brixen 1818

Sepp, Altbayerischer Sagenschatz, München 1876

Stebich, Max: Alpensagen. Verlagsbuchh. Breitschopf jun. Wien 1958

Stemplinger, Eduard: Wir Altbayern. Dr. H. Buchner Verlag München 1946

Steub, Ludwig: Aus dem bayerischen Hochlande, München 1850

Utzmeier, Benno: Wallfahrtskirche Maria Ettenberg, Hannes Oefele Verlag Ottobeuren

Vernaleken, Theodor: Alpensagen, Wien 1858

Voelter Gretl: Die schönsten Alpensagen. Umschau Verlag Frankfurt a.Main

Mündliche Überlieferung durch Frau Elisabeth Biechl u. Frau Gertraud Hasenknopf, Schoberlehen Ilsank, Frau Hochbichler, Bachmannlehen Ilsank, Frau Kuczkowiak Marianne, Marxenlehen, Salzberg, Frau Elisabeth Grassl, Schönau, Frau Birgit Flunk, Ramsau, Herrn Adam Maltan, Schönau.

Anmerkungen und Quellenvergleich

König Watzmann und die Erdmännchen: Vernaleken, Alpensagen Wien 1858; Eichelmann 5; Stebich 206; Voelter 90.
Versteinerung als Strafe für böse Taten ist ein häufiges Sagenmotiv, vgl. S. 132, 199, 204, 207.

König Watzmann und seine sieben Kinder: Sepp 354; Panzer, Beitrag zur Deutschen Mythologie: Wochenblatt für das Landgericht Reichenhall; Eichelmann 1; Altbayr. Sagen 87; Hofmiller 20; Brustgi 66.
Die Schätze Watzmanns sollen noch heute in den Tiefen des Berges verborgen liegen. Sepp 26: »Ein Schatz ist auch im Watzmann verborgen: wer davon einen Theil erhalten will, muß zuerst nach Maria Plain wallfahrten und die Sakramente empfangen. Nur wenn er das würdig gethan, darf er von jenem aufgehäuften Gold nehmen und dann nur für den dringensten Bedarf, sonst bedroht ihn beim Verlassen der Höhle arge Strafe.«

Die Gespensterhunde am großen Hundstod: Bergheimat 1928 Nr. 1 S. 3: »namensberüchtigt, weil daselbst kein Hund zum Jagen soll verwendet werden können«. Eichelmann S. 8: »Auch die Namen der benachbarten Spitzen und Rücken — Gjaidköpfe, Hirschwiese — erinnern an die Jagdzeit Watzmanns.«

Die Trischübl-Alm: Eichelmann 8 nach: Achleitner, Bayern wie es war und ist.

Die Sintflut in Bayern: Sepp 363; Eichelmann 7.
Die Angst vor einer erneuten Sintflut saß tief in den Menschen: Sepp S. 363: »In der Stiftskirche zu Berchtesgaden werden Gebete abgehalten, damit nicht aus dem Felsloch in der Gejaidwand, das auf den Ruf: ‚Jack laß den Schuß los!' zuweilen überfließt, die Überschwemmung über die Gegend hereinbreche.«

Der Watzmanngeist: Bergheimat Nr. 18 vom 29. 9. 1930: Aus den Erinnerungen einer 93jährigen von Edmund Ackermann.

Das Zirbenwunder am Watzmann: Eichelmann 82

Der Bauer auf der Wildalm: Eichelmann 24

Das tote Weib: Bergheimat 1924 Nr. 4 S. 22; vgl. Ursprungssage des Namens »Toter Mann«, S. 162

Der Jäger und das Teufelsgeld: Altbayr. Sagen 94; Stebich 213; Gedicht von Franz von Kobell in Eichelmann 20

Die Teufelsmühle am Funtensee: Eichelmann 19

Die übergossene Alm: Altbayr. Sagen 90; Eichelmann 63; vgl. S. 141 verschwundene Alm: Auch hier werden die Frevler unter Schnee und Eis begraben, der ihnen geschenkte Überfluß ist für immer verspielt.

Die Nixe vom Königssee: Schöppner III 1270; Altbayr. Sagen 88; Hofmiller 75; Eichelmann 9; Voelter 86

Der seltsame Geiger vom Königsee: Eichelmann 14

Die Geister der Ertrunkenen im Kuchlerloch: Eichelmann 13

Vom Teufel der nicht zählen konnte: Vernaleken, Alpensagen 1858; Eichelmann 18. Das Motiv vom dummen Teufel, der von einem Menschen überlistet wird, ist ein Lieblingsmotiv der märchenhaften Volkssage, vgl. S. 196: Der Teufelskopf auf der Reiteralpe.

Die Maikäferplage in der Schönau: mündl. Adam Maltan, Schönau

Die Klostergründung von Berchtesgaden: Bergheimat 1927 Nr. 20, S. 79; Alpenpark Berchtesgaden 5; Keck S., Franziskaner Kloster Berchtesgaden 1956

Der Almerer: Bergheimat 1930 Nr. 22 S. 88; Sepp 13–14

Frau Bercht: Eichelmann 59; Bergheimat 1927 Nr. 5 S. 20

Der sagenumwobene Untersberg und seine Bewohner: Historisches Schatzkästlein für Bayern 1832 I 7; Panzer I 15; Schöppner I 1; Steub 163; Vernaleken 1858; Bechstein, Sagen und Legenden Österreichs; Brixener Volksbüchlein vom Untersberg von 1782; Eichelmann 25; Kapfhammer 43; Brustgi 29.

Kaiser Karl der Große im Untersberg: Historisches Schatzkästlein für Bayern 1832 I 7; Brustgi 103; Eichelmann 25; Panzer I 15; Schöppner I 3; Bergheimat 1928 Nr. 20 S. 80; Bergheimat 1928 Nr. 15 S. 60

Der Birnbaum auf dem Walser Feld und das Weltende: Schöppner I 13 u. 14; Sepp 624; Eichelmann 28; Bergheimat 1930 Nr. 7 S. 27; Bergheimat 1928 Nr. 15 S. 60; Bergheimat 1928 Nr. 19 S. 76

Friedrich Barbarossa im Untersberg: Bergheimat 1928 Nr. 15 S. 60; Schöppner I 4; Koch-Sternfeld 1,15; Altbayr. Sagen 77; Panzer I 15; Eichelmann 28

Das seltsame Erlebnis des Lazarus Aigner: Historisches Schatzkästlein für Bayern 1832; Bechstein, Volkssagen, Märchen u. Legenden Österreichs 75; Richardi 50; Altbayr. Sagen 78. In manchen Quellen wird der Name mit Lazarus Gitschner angegeben, laut Kapfhammer ein Lesefehler von Maßmann, der das Buch »Brixener Volksbüchlein vom Untersberg von 1782« zitiert und statt »Gitzner« »Aigner« las. In Altbayr. Sagen steht »Gitschner«.

Der Riese Abfalter: Bergheimat 1929 Nr. 13 S. 52; Eichelmann 40

Die Wildfrauen vom Untersberg: Panzer I 15; Bergheimat 1929 Nr. 12 S. 48; Bergheimat 1928 Nr.24 S.96; Eichelmann 41; Kapfhammer 51; Brustgi 29; vgl. Sagen S. 69–78, 186, 205, 218.

Der Bauer und die Wildfrau: Sagen der Vorzeit oder ausführliche Beschreibung von dem berühmten Salzburgischen Untersberg oder Wunderberg, Brixen 1818; Panzer I 15

Der ungetreue Ehemann: Bergheimat 1931 Nr. 22 S. 18

Der Salzburger und die Wildfrau: wie vor

Der verschwundene Hirte an der Kugelmühle: wie vor

Die Gabe der Wildfrau: Bergheimat 1926 Nr. 21 »Die Köhlertochter«. Eine Sage aus Schellenberg nach Dr. Englert.

Das unerwartete Hochzeitsgeschenk: gleiche Quellen wie: Der Bauer und die Wildfrau

Die drei Frauen an der steinernen Stiege: Bergheimat 1931 Nr. 22 S. 88

Die Wildfrauen von Schloß Plain: Bergheimat 1931 Nr. 16 S. 60

Die versunkene Stadt Juvavia: Bergheimat 1928 Nr. 23 S. 92

Die eiserne Türe am Hallthurm: Bergheimat 1929 Nr. 13 S. 52

Der Fuhrmann im Untersberg: Bergheimat 1930 Nr. 17 S. 69

Das Birkenzweiglein: Eichelmann S. 48, Bergheimat 1930

Michael Holzegger im Untersberg: Steub 167; Schöppner I 12; Bergheimat 1932 Nr. 4 S. 16; Bergheimat 1928 Nr. 20 S. 80. Bei Steub endet die Sage mit der Mitteilung, daß der Jäger schon ein Vierteljahr nach diesen Ereignissen starb.

Kaiser Rotbart und die Musikanten: Voelter 14

Die verschwundene Hochzeitsgesellschaft: Eichelmann S. 48; vgl. Sage S. 89: Auch hier ist ein Mensch im Untersberg verschollen und erscheint erst lange Zeit nachher wieder.

Der Heereszug der Untersberger: Sagen der Vorzeit oder ausführliche Beschreibung von dem berühmten Salzburgischen Untersberg oder Wunderberg, Brixen 1818; Eichelmann 32 nach Henne-Am Rhyn Dr.: Die deutsche Volkssage (Leipzig 1874)

Krapfen für die Bergmännlein: Gleiche Quellen wie vor und Panzer I 15

Das Geisterheer an der Grenze: Eichelmann 34 nach Vernaleken

Die Untersberger überschreiten die Grenze: Bergheimat

Der Blick in die Zukunft: Eichelmann S. 30; Bergheimat; mündl. Marianne Kuczkowiak, Marxenlehen Salzberg.

Der verschollene Schuster: Eichelmann 32 nach Freisauff

Goldkohlen auf dem Untersberg: Eichelmann S. 37; Bergheimat 1931 Nr. 15 S. 59

Der weggeworfene Schatz: Schöppner I 9; Grimm nach Brixener Volksbuch

Die verschwundenen Goldzacken: Steub 168 (Die Erzählungen des Seebühlers); Bergheimat 1934 Nr. 5 S. 20

Der Wurzelgräber: Bergheimat 1930 Nr. 1 S. 3

Die Schatztruhe im Berg: Bergheimat 1931 Nr. 15 S. 59

Der Hirte am Goldbrünnlein: Schöppner I 8; Eichelmann 38

Die Höhle mit dem Goldsand: Bergheimat 1928 Nr. 15 S. 60

Die vergebliche Schatzsuche: Schöppner I 9 nach Brixener Volksbuch, Bergheimat 1928 Nr. 15 S. 59

Der Goldsand im Berg: Bergheimat 1931 Nr. 15 S. 59

Die goldene Kette: Schöppner I 7 nach Beschreibungvom Untersberg, Brixen 1850; Altbayr. Sagen 83 nach Bechstein

Eine seltsame Begegnung mit den Untersbergern: Steub 169

Das Bergmännlein am Berchtesgadner Hochthron: Bergheimat 1930 Nr. 17 S. 67

Der Kampf mit den Untersbergern: wie vor

Das Bergmännlein auf der Hochzeit: Schöppner I 11 nach Brixener Volksbüchlein; Bergheimat 1932 Nr. 7 S. 28; Eichelmann 48

Die Untersberger in St. Bartholomä: Bergheimat 1922 S.88; Eichelmann 16 nach Freisauff

Die Untersberger in St. Johann und Paul: Eichelmann 16 nach Freisauff

Die Geistermesse: Steub 166

Eine Geistermesse in Maria Kunterweg: mündl. Birgit Flunk, Ramsau; Bergheimat 1931 Nr. 5 S. 17; Bergheimat 1926 Nr. 12 S. 61

Die Untersberger beim Kirchgang: Bergheimat 1922 S. 88

Merkwürdige Geschichten über Holz- und Moosleute: Leoprechting; Bergheimat 1931 Nr. 8

Die Jäger und das Holzmännlein: Bergheimat 1923 Nr. 11 S. 44; Bergheimat 1931 Nr. 8

Theophrastus Paracelsus und die Königin: Bergheimat 1928 Nr. 23 S. 92; Bergheimat

Das Haberfeldtreiben: Hofmiller 65 nach Schöppner

Wie die Schellenberger Eishöhle entdeckt wurde: Eigert 5

Die Entstehung der Wallfahrtskirche Maria Ettenberg: Utzmeier Benno: Wallfahrtskirche Maria Ettenberg

Die steinernen Sennerinnen: Eichholz 70; vgl. ähnliche Sage von Panzer vom Kirnberg: Auf dem Kirnberg bei Berchtesgaden sind drei Felsspitzen, welche man die drei Jungfrauen heißt. Diese zopften (flochten) einander die Haare, als zur Wandlung geläutet wurde; sie bekreuzten sich nicht, und eine sagte: Wandlung hin, Wandlung her! Darauf sind alle drei zu Stein geworden. (Panzer I 11).

Die Entstehung der Wallfahrtskirche Maria Gern: Maria Gern, Geschichte einer Wallfahrt 1966; Berchtesgadner Anzeiger Bergheimat 1924 Nr. 8 S. 29 nach Aufzeichnungen von Schmidhammer 1896

Das Kreuz vom Zellergraben: Bergheimat 1928 Nr. 7 S. 27

Die Glocke auf dem Dürrnberg: Bergheimat 1927 Nr. 15 S. 3

Der Holzdieb im Stumpf: Eichelmann 70 nach Freisauff

Die verschwundene Alm: Eichelmann 69 nach Vernaleken

Die Glücksblume auf dem Hohen Göll: Eichelmann 66 nach Vernaleken; Bergheimat 1926 Nr. 4 nach Jakob Angerer. Distler brachte die Sage in Gedichtform. In dieser Version heißt es, daß es unmöglich ist, die Blume zu finden:
»So mancher is kraxelt am Göll und auf's Brett
Und hat's wollen brocken, doch gfunden halt nött.
Und hätt' es diamalen wohl oaner glei gsehn
Der hat si derfallen und is mäuserlstad g'wen!«

Der steinerne Tanzplatz: Eichelmann 87 nach der Sammlung weiß und blau

Das Gespenst im Kaser: Bergheimat 1928 Nr. 7 S. 27

Das Geißstall-Mandl: wie vor

Die Haber-Goas: Bergheimat 1928 Nr. 7 S. 27; mündlich Elisabeth Grassl, Schönau

Der zauberkundige Bauer: Bergheimat 1928 Nr. 27 S. 27

Eine Berchtesgadner Prophezeiung: Bergheimat 1932 Nr. 4 S. 18

Aberglaube von der Alm: Bergheimat 1931 Nr. 21 S. 80

Wie die Hintnerkapelle entstand: Bergheimat 1928 Nr. 23 S. 92

Maria Kirchental bei Hallein: Bergheimat 1928 Nr. 4 S. 16

Die Glocke von Großgmain: Bergheimat 1927 Nr. 1 S. 3

Wie Blühnbach entstand: Bergheimat 1926 Nr. 11 S. 58

Eine geisterhafte Kegelpartie: Bergheimat 1928 Nr. 23 S. 92

Das Gespenst in der Burg: wie vor

Der Schatz auf dem Georgenberg: Bergheimat 1927 Nr. 4 S. 16

Der wandernde Sarg: Bergheimat 1928 Nr. 8 S. 32

Das Teufelswirtshaus: Bergheimat 1929 Nr. 2 S. 8: Auf der Steinsäule auf der Strub bei Adnet steht die Jahreszahl 1406.

Der tote Mann: Eichelmann 71 nach Max Haushofer; Bergheimat 1924 Nr. 4 S. 22 steht: »Der Tote Mann trägt seinen Namen nach einer männlichen Leiche, die einmal dort gefunden wurde. Eine Deutung, die trivial klingt, die aber durch das Gegenstück des ‚Toten Weibes', wie ein wüster Teileinschnitt am Steinernen Meer an der Südgrenze des Landes heißt, nahezu gesichert erscheint. Denn neben diesem Toten Weib ist noch heute dessen Leichenstein v. J. 1631 erhalten.«

Geisterpuk in Ställen und auf Almhütten: Bergheimat 1928 Nr. 7 S. 27; Bergheimat 1930 Nr. 18 S. 69 ff.; mündl. Gertraud Hasenknopf, Schoberlehen, Ilsank

Das Gespenst in der Wimbach-Holzstube: wie vor

Der Spuk in der Englert-Holzstube: Bergheimat 1926 Nr. 12 S. 61; Bergheimat 1930 Nr. 4 S. 14

Der Wilderer und die Geister: Bergheimat 1930 Nr. 4 S. 14

Die wilde Jagd: Bergheimat 1927 Nr. 2 S. 8; Schweitzer 120; Leoprechting

Die stumme Zither: Eichelmann 83

Der bekehrte Wilderer: Kriss 1949; nach Schmidhammer 1898

Die sprechenden Tiere: wie vor. Ähnliche Sagen gibt es von vielen anderen Orten, beispielsweise von Waging, Langwied.

Der widerspenstige Schlitten: Bergheimat 1926 Nr. 8 S. 39

Das Berchtenlaufen: Bergheimat 1927 Nr. 2 S. 8; Kriss 1949

Der Schemel aus neunerlei Holz: nach Schmidhammer 1898

Die Pestsäule am Soleleitungsweg: mündl. Elisabeth Biechl und Gertraud Hasenknopf, Schoberlehen Ilsank

Die Bachmannkapelle: mündlich wie vor und Hochbichler, Bachmannlehen Ilsank

Die Butterspende: Bergheimat 1929 Nr. 24 S. 90

Der Wassergeist in der Gjoadwand: Panzer I 10; Eichelmann 60; Sepp 363. Entlang der Gjoadwand, die über dem Fürstensteinweg aufragt, führt der Soleleitungsweg.

Der Heiratsstein: Max Haushofer: Alpenlandschaft u. Alpensage; Bergheimat 1924 Nr. 4 S. 16; Eichelmann 17

Der Kobold im Gugelberg: Eichelmann 80 nach Freisauff

Die wilden Frauen am Hirschbühel: Eichelmann 78

Wie die Wallfahrtskirche Maria Kunterweg entstand: Bergheimat 1933 Nr. 8 S. 32; Bergheimat 1931 Nr. 5 S. 18

Die verschobene Kirche: mündl. Birgit Flunk, Ramsau; Bergheimat 1931 Nr. 5 S. 18

Der Schatz an der Antoniuskapelle: Bergheimat 1931 Nr. 5 S. 17

Der Wildschütz und die Hexen: Eichelmann 86 nach Heinrich Noe: Bayerisches Seebuch 1865

Von Drachen und Beißwürmern: Bergheimat 1926 Nr. 15 S. 74; Der Grenzbote 1864 S. 326

Vom weißen Gamsbock und von kugelfesten Wilderern: Bergheimat 1937 Nr. 6 S. 24; Kriss 1949

Die drei Brüder auf der Reiteralpe: Eichelmann 80. Vgl. S. 12, 17, 132, 199, 204, 209, wo ebenfalls Versteinerung als Strafe das Sagenmotiv ist.

Der Teufelskopf bei der Reiteralpe: Bergheimat 1931 Nr. 5 S. 17

Das Jungfrauenloch: Bergheimat 1936 Nr. 6 S. 24

Die steinerne Agnes: Panzer I 12; Schöppner I 58 nach Franz v. Kobell; Stebich 225; Eichelmann 75; Kapfhammer 43

Das Teufelsloch am Lattenberg: Eichelmann 77

Die Mordau beim Lattengebirge: Schöppner I 63 nach Franz Englert; Hofmiller 17; Eichelmann 72; Brustgi 107; Bergheimat 1922 S. 58

Die steinerne Hexe am Predigtstuhl: Bergheimat 1928 Nr. 19 S. 76 nach Dr. Rudolf Stoewer

Das Frauenloch im Staufen: Panzer I 14; Brustgi 72

Das schwarze Roß am Falkensee: Panzer I 14; Sepp 613

Der Karlstein bei Reichenhall: Panzer I 13; Schöppner II 928; Steub 171; Richardi 48; Kapfhammer 43; Sepp 73. Vgl. Sepp 72:« Vom Jungfernbichl nach dem Staufen spannen drei Jungfrauen ein Seil, woran man den Bösen bindet ...«

Die verwunschenen Jäger: Altbayr. Sagen 72; Schöppner I 60 nach Franz v. Kobell

Der schwarze Mann an der Wegscheid: Steub 173 nach den Erzählungen des Seebühlers

Das gespenstische Weiblein: Steub 174 ff nach den Erzählungen des Seebühlers

Der Baumstamm an der Wegscheid: wie vor S. 174

Das Weidwiesenweiblein von Reichenhall: wie vor S. 170

Die wilden Frauen an der Salzach: Panzer I 16; Sepp 342

Die Bauern und der Wolf: Panzer II 318

Wie ein Surheimer seine künftige Braut sah: Panzer I 17

Die feindlichen Brüder auf Burg Haunstein: Schöppner III nach Buch der Kaisersagen, Burg u. Klostermärchen S. 117: Schöppner fügt mit Fußnote hinzu: »Nach anderen soll die Ruine Haunstein nicht weit von Amberg liegen.«

Register